# 从零到一

## 中学名校长谈创新人才培养

# zero to one

**TALKS ABOUT INNOVATIVE TALENT DEVELOPMENT FROM FAMOUS PRINCIPALS OF SECONDARY SCHOOLS**

主 编　郑泉水
副主编　彭 尧

清华大学出版社
北京

## 内 容 简 介

本书邀请了二十多位在教育领域有着深厚影响力的教育工作者，他们从各自的教育背景和经验出发，分享了对创新人才培养的独到见解，介绍了具有较强代表性的学校在创新人才培养方面的先进理念和实践尝试，呈现了创新人才培养的环境建设和路径探索，展望了未来的教育发展趋势和培养范式，给读者们以长视角的思维启迪。本书集思想性、指导性、实操性于一体，不仅为教育工作者提供了宝贵的参考和指导，也为所有关心教育、关注人才培养的社会各界人士提供多维思考。

本书封面贴有清华大学出版社防伪标签，无标签者不得销售。
版权所有，侵权必究。举报：010-62782989，beiqinquan@tup.tsinghua.edu.cn。

**图书在版编目（CIP）数据**

从零到一：中学名校长谈创新人才培养/郑泉水主编．--北京：清华大学出版社，2025.3(2025.6重印).
ISBN 978-7-302-68911-9

Ⅰ.G632.0
中国国家版本馆CIP数据核字第2025D8U625号

责任编辑：刘思含
封面设计：杨　兑
责任校对：赵琳爽
责任印制：沈　露

出版发行：清华大学出版社
    网　　址：https://www.tup.com.cn，https://www.wqxuetang.com
    地　　址：北京清华大学学研大厦A座　　邮　编：100084
    社 总 机：010-83470000　　邮　购：010-62786544
    投稿与读者服务：010-62776969，c-service@tup.tsinghua.edu.cn
    质量反馈：010-62772015，zhiliang@tup.tsinghua.edu.cn
印 装 者：三河市春园印刷有限公司
经　　销：全国新华书店
开　　本：165mm×230mm　　印　张：15　　字　数：236千字
版　　次：2025年4月第1版　　印　次：2025年6月第2次印刷
定　　价：78.00元

产品编号：109434-01

# 序

人工智能通用大模型的诞生和应用，标志着人类从工业时代迈进数智时代。也因此带来近 200 年最大的一场关于生产方式、生活方式和学习方式的变革。

从教育的底层逻辑着眼，如果工业时代教育的重点在于培养人类低阶思维，即知识的学习、掌握和应用，那么数智时代的教育重点必将转移到培养人类的高阶思维，特别是如何构建未来、创造未来的相关思维。在过去的 15 年，我从清华大学钱学森力学班（以下简称清华钱班）到深圳零一学院，与师生一起，锲而不舍地进行创新人才培养的研究和实践，摸索出一套数智时代的教育新范式——"创生教育"（Innovation-Motivated Education），即以创新为内生动力、牵引人才成长的培养模式，其底层逻辑是内因最为重要，其次才是外因和基因，这从根本上颠覆了工业时代教育的重要性次序。关于"创生教育"的实践、方法和理论，我在新书《破界创生》中首次做了较系统的阐述。

在以"学生的内在激情为中心"的清华钱班，我们致力于帮助每一位学生找到内心激情所在，成功地实现了人人更好的个性化成长。在深圳零一学院，我们实践创新人才培养的"三要素聚变"，通过颠覆性创新挑战性问题（X 型问题），带动具有创新激情的大导师（X 型导师）和具有内生动力的学生（X 型学生），相互激发，进阶研究，精深学习，快速成长，创建了一所突破学段、学科、地域和文化界限的"无界"大学。

当今世界正面临百年未有之大变局，顶尖创新人才的培养是大国博弈的重要筹码。在我国，如何加速实现大中贯通培养顶尖创新人才，特别是在中小学阶段通过科学的教育理念、创新的教学模式和有效的评价机制等，及早发掘、保护和培养具有好奇心、想象力、探究欲和创新潜质的青少年群体，这是一个难题，但更需要破题。当时在深圳零一学院协助我工作的彭尧老师，长期从事基础教育管理工作，她建议我与广大的中学校长们面对面地开展交流和研讨。

2023年到2024年间，我们会同全国近百位头部中学的校长和大学的学者以论坛和圆桌交流等方式集中研讨，并连续于东北（含内蒙古）、北京、西南、长三角和西北地区召开了5场规模较大的"中学创新人才培育生态环境建设与实践路径"专题论坛。期间全国近万名校长、教师、家长和学生线上或线下参与，真知灼见，根源实际，创新理念，火花四溅。为此也持续得到社会和媒体的高度关注与广泛热议。

一线校长、学者的实践样本和建议反思颇具启发意义，深圳零一学院决定把这些教学科研成果集结成册。彭尧老师精心策划、义务工作，23位参与过论坛的校长和学者应邀为本书撰写论文，把积淀多年的实践案例和理论提炼梳理总结，不仅为教育同行提供借鉴，也为教育决策提供参考。

在此，我谨向所有为本书赐稿的校长、学者表示感谢，正是你们的无私奉献与智慧分享，使得本书得以问世；同时，要感谢清华大学出版社的辛勤付出，正是你们的专业与高效，让这些宝贵的教育成果得以广泛传播。希望本书能够为中学创新人才的培养提供思路与启迪，让我们共同努力，为培养更多具有全球竞争力的创新人才不懈努力。

人工智能是新一轮科技革命和产业变革的重要驱动力，是解锁未来教育创新潜能的金钥匙。创新人才培养要用好人工智能技术，因材施教，满足个性化需要，更快、更多、更好地自主培养适应时代发展的创新型人才。挑战和机遇并生，这又是教育要深度面对的新问题。

深圳零一学院院长 郑泉水
2025年2月于深圳

# 目 录

001 / 王殿军
加速教育创新 为英才的发现和成长提供广阔土壤

008 / 邵志豪
新时代拔尖创新人才高中与大学衔接培养的认识与实践

021 / 高 琛
构筑生命场域 赋能基础教育创新人才培养

030 / 谢永红
着力造就拔尖创新人才：其势、其道、其法、其术、其器

038 / 王明伟
培根铸魂 夯实培养拔尖创新人才的根基

047 / 王俊成
本真致美 培育英才
——北京八中超常儿童教育的创新实践

063 / 张斌平
建设良好校园生态 深化因材施教

075 / 蒋炎富
践行全面发展理念 培育拔尖创新人才

083 / 辛 颖
科技筑基 创新赋能
——稻香湖学校创新人才培养实践

094 / 李潇珂
面向未来的拔尖创新人才早期培养实践探索

104 / 马永文
高中拔尖创新人才培养路径探究
——云南师大附中高中数学拔尖创新人才培养

113 / 鲁 江
打开边界 融通未来
——中小学科创教育的明德实践

126 / 张执南
大中贯通培养拔尖创新人才的实践探索

135 / 吴 坚
学术素养导向 大中衔接育人
——复旦附中拔尖创新人才早期培养校本实践

144 / 邱月灵
杭州学军中学创新人才培养：培基铸魂，肩负使命

154 / 朱 焱
新时代普通高中育人方式改革的审思和探索

162 / 封安保
教育的高质量与人才的高品质
——合肥一中加强创新人才早期培养的路径

170 / 杨 森
科学选拔、敦笃育人 兴趣使然、因材施教
——西安交大少年班大学生培养的探索实践

181 / 訾艳阳
建构"三元课程"培养创新人才
——西安交大附中的"大成智慧教育"

191 /　陈章义
　　科技创新燃梦想　百年育才铸华章
　　　　——贵阳一中科技人才培养策略

202 /　刘国材
　　育德培能　创新铸魂
　　　　——西北师大附中创新人才培养生态建设实践

212 /　张永宏
　　优化学校课程体系　助力学生创新发展
　　　　——宁夏银川一中养正课程建设实践

223 /　张焱冰
　　建构多元一体培养机制　挖掘创新人才发展潜力
　　　　——乌鲁木齐市第七十中学创新人才培养探索

# 加速教育创新 为英才的发现和成长提供广阔土壤

王殿军

**作者简介：**

王殿军，现任北京市大兴区第一中学校长。国家督学，北京市特级校长，清华大学附属中学外籍人员子女学校、稻香湖学校校长。曾获"全国教育改革创新杰出校长奖""全国特色教育杰出校长""当代教育名家"等称号。主要社会兼职：中国教育发展战略学会副会长、教育部基础教育教学质量评价指导专业委员会副主任委员、教育部基础教育课程教材专家委员会委员、中国教育学会高中专业委员会副理事长。

**办学理念：** 拔尖创新人才是一个复合概念，"拔尖"是结果，而"创新"是原因。

# 一、引言

随着全球化进程的加快，各国之间的竞争愈加激烈，创新能力已成为衡量一个国家综合实力的重要标准之一。中国在许多关键技术领域仍面临巨大挑战，在人工智能等关键新兴领域与西方国家还有差距，时代发展需要新质生产力，中国社会对拔尖创新人才有强烈的需求，因此培养拔尖创新人才成为国家战略的重中之重。北京大学、清华大学等高校设立了拔尖创新人才的贯通培养项目，但社会对人才培养和选拔方式的焦虑仍然存在。出于对教育公平的考量，大家对"天才""超常""资优"等关键词都避而不谈，但实际操作上还存在"掐尖"等现象。

在这一背景下，不能等教育实现完全的均衡化之后，再来谈拔尖人才培养。应该在抓好普及和均衡的同时，研究如何构建全国拔尖人才培养体系。对于拔尖人才培养，不必避讳，也不必夸大，建立起拔尖人才的科学研究、选拔、培养和评价体系，是真正推动"有质量的教育公平"实现的举措。因此，如何有效地培养拔尖创新人才，成为摆在我们面前的一项重要任务。本文将从拔尖创新人才的定义、加速教育创新的紧迫性和必要性、国际经验借鉴、国内实践以及对未来发展的思考等方面进行分享与探讨。

# 二、拔尖创新人才的定义

拔尖创新人才是一个复合概念，"拔尖"是结果，而"创新"是原因。拔尖人才注定稀少，而对创新人才的需要实则更多。创新是拔尖的土壤，培养不循规蹈矩、善于打破常规、具有洞察力和引领力的人才尤为重要。中外许多杰出人物如牛顿、达·芬奇、乔布斯、杨振宁等都是创新人才的典范。他们通过不断探索和突破，取得了令人瞩目的成就。他们在不同阶段和语境下，也有不同的称呼指代，如"英才""天才"，在早期阶段也被称为"资优生""超常生"等。为了避免争议，在此统一使用"英才"一词进行讨论。

这类英才取得突破性成果往往都在40岁以前。如爱因斯坦发表狭义相对论时是26岁，提出广义相对论时是36岁；杨振宁34岁时与李政道共同提出宇称不守恒定律，35岁时获得诺贝尔物理学奖。这样的成就，与他们在早期成长关键阶段接受的培养是紧密相连的。而对应到今天，就是我们中小学关键阶段的培养。有研究表明，拔尖创新人才的学苗在整体中占1%~3%。如果中小学缺乏培养的土壤，就会湮没并消耗很多优秀学苗。

## 三、加速教育创新的紧迫性和必要性

习近平总书记在科学家座谈会上强调："国家科技创新力的根本源泉在于人"，"学生的动手能力和独立思考能力的培养要跟上"。党的二十大报告也明确指出，要"全面提高人才自主培养质量，着力造就拔尖创新人才"。目前，我国教育的发展情势表现为"有高原，无高峰；有专家，无大师"，这反映出我国在拔尖创新人才培养方面的不足。单一的、标准化的培养和评价体系难以造就富有个性的拔尖创新人才。从实践和结果上看，我国现行的教育体制在拔尖创新人才培养方面还存在以"钱学森之问"为代表的一系列问题。

**1. 过度注重应试教育**

现行教育体制过于强调考试成绩，忽视了学生创新能力的培养。

**2. 培养模式单一**

缺乏多样化的培养模式，无法满足不同学生的个性化需求。

**3. 评价体系不完善**

评价标准相对单一，无法全面反映学生的综合能力和潜力。

**4. 资源配置不均**

优质教育资源集中在少数学校，广大农村和偏远地区的学生难以获得公平的教育机会。

## 四、美国英才教育的参照研究

英美等国长期以来对英才教育均有举国化培养体系，而又各有特色。以美国为代表的体系主要分为选拔测试特教派和资源环境促长派。选拔测试特教派通过多样化测试工具，如认知能力测试（CogAT）、天才评定量表（GRS）等，来选拔和培养英才。资源环境促长派则通过丰富的资源环境来促进学生的发展。

### （一）选拔测试特教派

选拔测试特教派主张通过科学的测试方法，筛选出具有天赋的学生，并给予特殊的教育和培养。常用的测试工具包括以下两种。

（1）认知能力测试（CogAT）：评估学生的认知能力，包括语言、数学和空间推理能力。

（2）天才评定量表（GRS）：综合评估学生的天赋和潜力，帮助教师识别天才学生。

### （二）资源环境促长派

资源环境促长派主张通过提供丰富的教育资源和良好的学习环境，促进学生的发展。典型的例子如下。

（1）兰祖利的丰富教育模式：通过提供多样化的学习资源和实践机会，激发学生的学习兴趣和创新能力。

（2）约翰·霍普金斯天才青少年中心（Center for Talented Youth）等天才学生暑期学习机构：为天才学生设计专门的暑期项目，提供高水平的学术和实践课程。

### （三）美国经验的启示

美国的英才教育经验对我国具有重要的借鉴意义：

（1）多样化的选拔方式：通过多样化的测试和评估方法，识别具有天赋的学生。

（2）丰富的教育资源：提供多样化的教育资源和实践机会，促进学生的全面发展。

（3）个性化的培养模式：根据学生的特长和兴趣，制定个性化的培养方案，充分发挥每个学生的潜力。

## 五、清华大学附属中学英才培养的本土实践

清华大学附属中学（以下简称清华附中）在英才教育方面进行了多年的探索和实践，构建了完整的英才识别、发现和培养评价体系。学校开设了多层次的创新课程体系，如STEM课题研究、高研实验室、创客空间等，通过这些平台，为学生提供丰富的学习和研究机会。

### （一）创新人才的培养路径

（1）启发式教育：通过启发式教学方法，引导学生自主思考和探索，激发他们的创新潜力。

（2）实践性学习：强调动手实践，通过实验、项目等实际操作，提升学生的创新能力。

（3）跨学科培养：打破学科界限，鼓励学生跨学科学习，拓宽知识面，提升综合能力。

（4）个性化教育：根据学生的兴趣和特长，制定个性化培养方案，充分发挥每个学生的潜力。

### （二）创新课程体系

（1）STEM课题研究：通过跨学科的研究项目，培养学生的创新思维和实践能力。

（2）高研实验室：提供先进的实验设备和科研条件，让学生在实际操作中学习和创新。

（3）创客空间：鼓励学生动手制作，培养他们的创造力和解决问题的能力。

### （三）大中贯通式评价与培养模式

清华附中通过积极参与大中贯通式评价与培养模式，实现了对拔尖创新人才积极主动的发现和全方位培养。例如，清华附中2015级学生陈廷翰，通过高研实验室和"英才计划"，获得了全国青少年科技创新大赛一等奖和中国科协主席奖，他在高中阶段发明的消防用感应控温维生呼吸器可以有效地帮助消防员在面对高温时进行安全防护。

## 六、对英才培养体系的思考

英才的培养需要尽早开始，注重过程观察、开放式交流，避免过早贴标签；应实施多层级、过程性识别方法，发现学生的隐藏天赋，提供自由宽松、有挑战性、有支持的学习环境。

### （一）早期识别与培养

英才的培养需要尽早开始，要从小学阶段甚至幼儿园阶段就开始识别和培养学生的创新潜力。通过丰富的教育资源和实践活动，激发学生的学习兴趣和创新能力。

### （二）多层级识别与培养

实施多层级的识别和培养方法，脱离学科分数，建立学习潜能评价工具体系；通过过程性评估，及时发现和培养学生的潜力。避免过早贴标签，给学生更多成长和发展的空间。通过分层的英才培养基地的建设，构建多层级英才识别和培养体系。

### （三）自由宽松的学习环境

提供自由宽松、有挑战性、有支持的学习环境，让学生在宽松的氛围中自由探索和创新。通过开放式交流，鼓励学生自主思考和表达，培养他们的创新能力和批判性思维。

### （四）综合能力的培养

培养拔尖创新人才需要强化高阶思维能力和批判性思维能力的培养，关注各种能力和不同智能的发展及综合运用。推动"宽入口、多场景、多模态、进阶式、贯通性"的发现和培养机制，建立兼容现有教育体系的"A+B方案"，利用数智化手段，扩大英才发现和培养的范围，提高效率。

### （五）英才教育专业师资的建设

研究和实践表明，英才的发现与培养与普通儿童的发现与培养并不相同。一方面，我们需要对全体教师，特别是基础教育阶段的教师进行英才发现和培养的基础能力认证，加强对英才早期行为特征的识别，降低不必要的学苗损耗率；另一方面，我们需要尽快通过培训体系训练和培养专业的英才教育教师队伍，给予充分的工具和教学资源，有效扩大英才学苗的培养范围，提高培养水平。

## 七、结语

英才的培养是一项复杂且长期的系统工程，需要国家、学校和社会的共同努力。我们可以通过借鉴国外的成功经验，结合本土实践，探索出一条适合中国的拔尖创新人才培养路径，实现中华民族的伟大复兴。

在未来的发展过程中，我们需要不断创新和改革，推动教育体制的优化和升级，创造更加有利于拔尖创新人才成长的环境。只有这样，才能为国家的发展和民族的复兴提供源源不断的人才支持。

# 新时代拔尖创新人才高中与大学衔接培养的认识与实践

邵志豪

**作者简介：**

邵志豪，东北师范大学附属中学校长、党委副书记，教育学博士，清华大学博士后，正高级教师，博士生导师。第十三、十四届全国人大代表，教育部新时代中小学名师名校长培养计划（2022—2025）名校长工作室主持人。

办学理念：自觉、友善、学术、创新

党的二十大报告统筹教育、科技、人才三方面工作，将"实施科教兴国战略，强化现代化建设人才支撑"列为专章进行整体论述和部署。报告指出"教育、科技、人才是全面建设社会主义现代化国家的基础性、战略性支撑"。从基础性支撑作用看，通过加快建设教育强国，可以大力造就共同富裕之生命主体，为社会主义现代化国家建设提供强大的人力资源支持。从战略性支撑作用看，通过加快建设教育强国，可以加速培养拔尖创新人才，为国家战略性人才队伍建设奠定坚实基础。可见，拔尖创新人才培养已经上升到国家发展的战略性层面，成为我国经济发展和教育改革的重要组成部分。

## 一、新时代拔尖创新人才培养的政策导向

2020年，国家开始推动"强基计划"的实施。作为基础学科拔尖创新人才培养计划的重要组成部分，"强基计划"的实施必然意味着国家教育改革方向的调整。通过对"强基计划"出台的背景进行深入剖析，就可以厘清新时代拔尖创新人才培养的基本政策导向。

### （一）基于选拔的高中与大学衔接培养导向

在高中和高等教育基本进入普及化阶段以后，教育追求的优质均衡发展将更多地体现出让能力不同的人按照禀赋和意愿接受合适的教育。为此，迫切地需要建立多元化的教育体系和良好的教育生态，即为有特殊才能的人建立相应的成长通道，满足国家对各种应用型人才的需求。

2009年，教育部联合中央组织部和财政部启动了"珠峰计划"。在人才的培养方面，"珠峰计划"强调的是高校在拔尖创新人才培养方面的教育教学改革，强基计划则更多地强调高校通过选拔方式的改革，推动基础教育拔尖创新人才培养方式的改革，从而

构成拔尖创新人才培养基础教育和高等教育贯通的完整链条。因此，"强基计划"的实施，必然会在特色人才培养通道上对普通高中产生重大影响。一方面，促使一部分普通高中发展为以培养基础学科拔尖学生为目标的特色学校。另一方面，促使一部分普通高中内部出现普通教育和英才教育的分化。无论是英才教育特色学校的建立，还是普通教育和英才教育在普通高中的内部分化，都将对建立高中与大学贯通的拔尖创新人才培养生态具有积极意义。从这一方面可以看出，以系统性思维为引领，通过"强基计划"选拔的导向功能，实现高中与大学的衔接培养，建立相对完整、相对独立的学科特色人才培养通道，是新时代国家拔尖创新人才培养的首要导向。

### （二）基于选拔标准的多维度衔接培养导向

在"强基计划"实施之前，选拔具有基础学科特长的学生是通过高校自主招生计划来实现的。自主招生对有学科特长的学生进行降分录取，强调的是部分高中生与大学生在学科特长方面的有效衔接，这一改革无疑比唯分数选才更具有科学性，也更有利于一部分有特殊才能的学生发展。但是，一方面，自主招生计划并没有对有学科特长的学生的持久志向提出具体要求，导致这些学生向一些预期收入更高的专业分流，从而在一定程度上削弱了加强基础学科创新发展的应有价值；另一方面，自主招生计划对学生综合素质重视不够，增大了拔尖创新人才培养的潜在风险。

相较而言，"强基计划"和自主招生计划在发现和选拔基础学科优秀人才的目标上保持了高度的一致性，但是"强基计划"进一步突出了服务国家重大战略需求的志向和学生的综合素质。这个改变通过"基于同一高考的多维度考核评价"这一选拔标准的改变来实现，即"强基计划"将学生的高考成绩、高校综合考核结果和高中综合素质评价情况按比例合成学生的最终成绩。这就要求高中教育更加强调立德树人和理想信念教育、生涯规划教育，注重提升学生的综合素质，形成高中与大学拔尖创新人才培养在志向、综合素质和学科特长等方面多维度有效衔接的有利局面。

### （三）基于选拔目标的培养方式衔接导向

"强基计划"针对有志于服务国家重大战略需求的、综合素质优秀的、有基础学科特长的学生的选拔目标，在实践中必然会对高中有学科特长的学生的培养方式的改革起到引领作用，从而推动高中主动对接大学创新人才的培养方式。在课程建设方面，必修课程更加注重学科核心素养的培育，选修课程更加注重基于学生兴趣和潜能的课程选择，并适当开设一些深入发展学生特长的专门课程。在学习方式方面，更加注重自组织学习、合作式学习、探究式学习、项目式学习和研究型学习，让学生更早地接触科学探究方法和学科前沿。在教学方式方面，更加注重情境化、问题导向教学，让学生在驱动型问题和认知冲突中建构概念，发展创新思维。在培养方法方面，为有学科特长的学生制定单独的培养方案，实施导师制、学分制、小班化培养。在学习环境方面，大力营造自由、宽松的学习氛围，把时间还给学生，把空间留给学生，鼓励学生质疑发问，鼓励学生多元发展。

## 二、新时代拔尖创新人才高中与大学衔接培养的逻辑理路

任何教育的逻辑起点都是人的发展，并最终指向育人目标的实现。因此，拔尖创新人才高中与大学衔接培养的基本逻辑就是：高中和大学在不同的发展基础上，在共同育人目标的引领下，制定循序渐进、螺旋上升的培养方案。这就需要对育人目标进行深入分析，在横向上形成对拔尖创新人才特有能力结构的清晰认识，解决培养方案的维度问题；在纵向上形成对拔尖创新人才发展过程的清晰认识，解决培养方案的进程问题。

## （一）基于育人目标的拔尖创新人才的能力结构分析

有研究者指出，拔尖创新人才是以独特的方式创造性地发现和解决问题的一类人员。也有研究指出，在某一专业领域中，创新思想、获得新知、孕育成果的人员是拔尖创新人才。通过对拔尖创新人才的特征分析，我们认为知识要素、技能要素、思维要素和品格要素代表了拔尖创新人才的能力结构范围。创新能力代表了拔尖创新人才的能力结构内核。

因此，分析拔尖创新人才的能力结构，需要以知识要素、技能要素、思维要素和品格要素为界限，进一步析出这些要素中与创新能力高度相关的核心成分。第一，学生知识的广度固然重要，但是无限地接受新知识是不可能的，唯有获得面向终身学习的学习力，学生才能够不断打破原有知识体系，构建全新知识体系，为实现创新奠定基础。因此，在知识要素中，面向终身学习的学习力是核心。第二，将各类知识进行综合，融会贯通，并作用于客体的实践力也是走向创新的行动基础。因此，在技能要素中，指向知识转化为能力的实践能力是核心。第三，任何创新，其起点必然是问题的发现，并以新的思路创生新的成果，这些都与理性思维、直觉思维、批判思维和发散思维等高阶思维活动密切相关。因此，在思维要素中，指向独创性的高阶创新思维是核心。第四，创新并非一帆风顺的过程，只有敢于面对失败、坚持理想、甘于奉献的人，才能最终走向创新的成功彼岸。因此，在品格要素中，指向可持续发展的信念、志向、意志和兴趣等非智力因素是核心。因此，从能力结构上讲，高中阶段拔尖创新人才培养的主要维度构成了一个以基础学习力为原点，以高阶创新思维为高度，以自主实践能力为宽度，以坚强的意志品质为长度的立体结构（见图1）。这为高中和大学拔尖创新人才衔接培养方案的制定提供了清晰的解构维度。

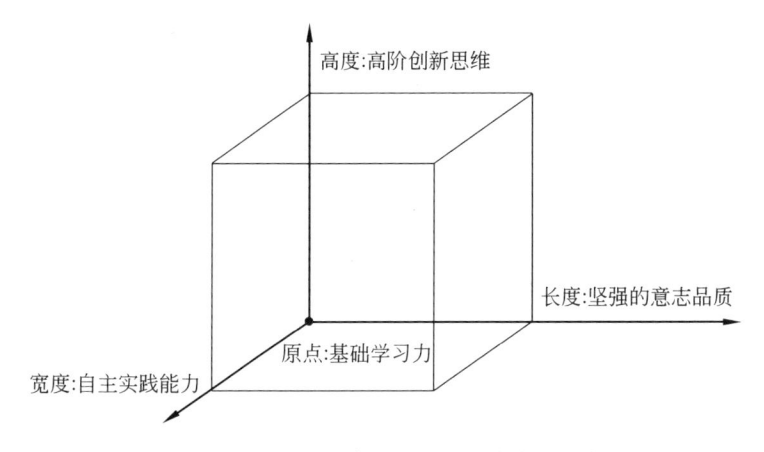

**图1　拔尖创新人才高中阶段发展的能力结构图**

(高度:高阶创新思维；长度:坚强的意志品质；宽度:自主实践能力；原点:基础学习力)

## （二）基于学段差异的拔尖创新人才的发展任务解构

在明晰拔尖创新人才能力结构的基础上，高中与大学衔接培养路径的确立还需要明确高中、大学在拔尖创新人才培养的功能上的差异，以及具有创新潜质的高中生和大学生在发展任务上的差异。高中拔尖创新学生培养的重点在于研究兴趣、创新意识及初步创新能力的培育，大学拔尖创新学生培养的重点在于创新能力的形成、创新行为的训练及成果意识的初步养成。而拔尖创新人才是高中和大学接续培养、并进一步在实践中发展的结果，以能够创造出新的观念和新的产品为标志。

因此，从高中与大学衔接的视域出发，高中拔尖创新人才培养的使命就是为拔尖创新人才形成品德、兴趣、思维、学习力、实践力等关键能力和必备品格奠定基础；大学拔尖创新人才培养的使命是让高中种下的与创新相关的关键能力和必备品格的种子生根发芽、茁壮成长。具体来说包含以下三方面内容：第一，从人发展的连续性出发，高中与大学的教育都要回归育人本质，按照人发展的阶段性和渐进性，推动五育并举，加强生涯规划教育，促进具有创新潜质的学生的综合素质发展，实现学生人格发展的连续性。第二，从基础学科知识的累积性和难度梯度出发，中学与大学衔接培养要求学校设置好与学生认知发展规律相适应的课程梯度和难度，实现学生在学科学习上的连续性。第三，从教学的普适性出发，倡导对高中和大学具有创新潜质的学生都普遍适用的教学方法，实现教学模式的连续性。

## 三、新时代拔尖创新人才高中与大学衔接培养的实践路径

在国家政策导向的引领下，东北师范大学附属中学（以下简称东北师大附中）构建了以"能力结构和发展任务"为原点，以"教学衔接"为高度，以"综合素质衔接"为长度，以"课程衔接"为宽度的新时代拔尖创新人才高中与大学衔接培养的实践模式，帮助学生建立适应复杂环境变化的价值信念支持系统、实践能力支持系统和知识结构支持系统。

### （一）构建中学与大学有效衔接的学科课程体系

课程体系的衔接与学科知识的基本逻辑相适应，是一种客观规律，是中学和大学教育衔接必须考虑的因素之一。

#### 1. 以拓展学生视野为目标的大中衔接课程

这类衔接课程主要存在两种形式：一种是以中学作为培养主体，提前对接大学课程，帮助中学生提前投入基础学科的学习与研究；另一种是以大学作为培养主体，主动下沉对接中学课程，为高中生们提供自由选择、自主探索的创新教育机会，前置优质教育资源，助力学生学科核心素质的全面提升。

（1）以高中教师为主体开发的大学先修课程

高中生根据自身兴趣和能力，自主选择提前接受大学的思维方式和学习方法，发展学科专业学习和研究方面的潜能，为大学学习做好准备。东北师大附中从 2014 年开始运行大学先修课程，共开设三类先修课程：北京大学先修课程、CAP 大学先修课程

和科技实践大学先修课程，包括微积分、电磁学、电路基础、大学化学、中国古代文化、中国通史、计算概论、苗圃课程和学森挑战课程等 15 门课。累计 3000 余名学生参加了大学先修课程的学习。

（2）以大学教师为主体改造的大中共建课程

东北师大附中积极落实与大学共建研究型课程，形成有效的创新人才衔接培养新途径，2021 年起与吉林大学、哈尔滨工业大学、中国人民解放军空军航空大学等高校合作，引进了多所高校的优质课程资源、优质师资。大学组建教授团队来附中授课，让学生在高中阶段就有机会接触大学课程。截至 2025 年 2 月，共建课程已成功开设 6 个学期，累计参与选课的学生达 1500 余人。

（3）以知名学者为主体的学术前沿讲座

为了使学生有更多机会获得各个领域的知识，进而培养综合学术素养，东北师大附中开设"博雅学堂"和"人文大讲堂"，聘请知名高校的学者和教授面向学生进行学术前沿的报告和讲座。"博雅学堂"已经成功举办 100 多期，累计听课 1 万多人次。"人文大讲堂"已经成功举办 20 余场，累计 4000 余人听讲。

**2. 以提升学生综合能力为目标的跨学科课程**

跨学科综合能力是创新工作中解决复杂问题的一项基本能力。这项能力的获得需要学生在广域课程模式下，完全突破学科间的界限，将所学内容整合到新的学习领域，进行综合的科学成果探究。

（1）STEM 课程

东北师大附中构建了四类层级式 STEM 课程体系，通过创设富有现实意义的学习情境来引导学生解决复杂问题，全面提升学生的跨学科综合能力。学校因此获得了"中国 STEM 教育 2029 行动计划领航学校""最佳 STEM 空间奖"等多项荣誉。

（2）学科融联课程

为了更好地推进育人方式变革，东北师大附中开发了一系列学科融联课程。教育目标的融合、学习主体的融合、学习内容的融合、教学方式的融合、学习评价方式的融合促进了学生全面发展和跨学科学习能力及综合能力的提升。目前已经形成了"木星冲日""聚焦二十大·谱写新华章""生态伦理""逻辑学讲堂""敦煌——丝路文化的明珠"等多个多学科融联课例。

**3. 以发展研究能力为目标的项目研究课程**

与学科知识体系相适应的更高层次的衔接是学生研究能力体系的衔接。也就是说，只要学生获得了相应的研究能力，知识体系的切换就不会对学生的学习产生太大的影响。因此，从知识体系衔接向能力体系衔接的转变就成为中学与大学教育衔接的重点。这一维度衔接的突破口在于跨学科学习能力的获得。

（1）研究性学习课程

为鼓励学生创新实践，养成良好的研究习惯，掌握初步的科学研究方法，东北师大附中校内教师作为指导教师，以项目研究带动研究性学习课程开发，形成了520余项研究性课题，编辑学生研究性学习优秀论文集10余期。

（2）基础理科和人文社科创新人才培养项目

为了促进中学与大学在基础理科创新人才、人文社科创新人才培养方面的有效衔接，东北师大附中开展了基础理科创新人才培养项目和人文社科创新人才培养项目。项目采用"1+1"导师制度，即大学导师和校内教师联合培养，以大学导师指导为主。大学导师在选题、开题、实验指导、论文撰写、结题报告等环节通过网络或面对面对学生进行指导。截至2025年2月，理科创新人才培养项目成功完成5期，累计参与项目的学生达1000多人。学生经历了项目立项、开题答辩、实验操作的锻炼，开阔了视野，增强了独立思考的能力，提升了科研志趣，形成了初步的研究能力。人文社科创新人才培养项目累计已有400余名学生参与，已出版学生研究成果论文集5本，近120万字。

## （二）构建中学与大学有效衔接的品格教育课程

从综合素质衔接的维度讲，学生发展得越全面，为大学学习与生活做的铺垫越充分，中学和大学的教育衔接就会越好。从这一角度来看，坚定的研究志向和崇高的理想信念将成为拔尖创新人才可持续发展的有力保障。

### 1. 大中一体化思政课程建设

一个有着坚定的理想信念、深沉的家国情怀、强烈的社会责任感的人，是不会轻易丧失奋斗的勇气或转换专业方向的。因此，高中和大学形成良好教育衔接的核心要务就是建立起思政课程的一体化机制，保证中学和大学的价值观教育和思政教育形成合力，帮助学生首先成长为精神上的巨人。具体来讲，就是在"立德树人"总目标的指导下，将高中和大学的思政课程视为一个不可分割的整体，在目标、内容、教材、活动、组织、队伍、评价等方面全面而深入地推动一体化教育进程，逐渐形成一个由浅入深、螺旋上升、有机统一的大中思政课课程一体化模式，使思政课教学在中学和大学教育之间不脱节、不断层、不矛盾、不重叠，确保学生从高中到大学能够始终在同质思政课框架内接续成长，为学生将服务国家、服务社会的家国情怀和社会责任感内化为理想信念奠基。

### 2. 大中衔接生涯规划课程建设

生涯规划课程是引领学生增强学业选择、专业选择、人生选择的自主性、科学性、目的性的重要课程。东北师大附中根据中学生生涯发展的层级，逐步建立起"学业—职业—理想"三级生涯规划课程体系。"学业规划"课程包括面向高三学生的"学长来了：大学宣讲系列活动"，面向高一、高二学生的"学子讲堂：学法交流系列活动"。"职业规划"课程包括高一年级的"了解自己：兴趣、性格、智能优势测量"课程，高二年级的"走进目标专业：大学专业探查系列活动"，高三年级的"走进真实职场：一日生涯体验系列活动"。"理想规划"课程包括"走进职场精英：生涯人物访谈系列活动"和"遇见更好的自己：志远讲堂系列活动"。这些课程意在告诉学生们，美好的未来源于规划，只有保持信心、决心和毅力，才能在未来成为更好的自己。

### （三）构建中学与大学有效衔接的学科教学体系

教学内容具有相对稳定性和具体性，高中和大学在实现教学内容的有效衔接以后，构建更具普适性和抽象性的教学体系，就成为深度落实中学和大学教育衔接的突破口。无论是在高中还是大学，情境式、体验式、探究式、互动式教学等都具有一定的普适性，都会对中学和大学拔尖创新人才衔接培养产生有益影响。

**1. 积极推动学科核心素养落地**

学科核心素养在一定程度上厘清了学科的育人目标、教学和评价的方向，在教学中强调学科核心素养落地，最大的进步在于学生学科学习的各项关键能力都能得到有效提升。学生获得学科核心素养，意味着学生在未来的学科学习中，获得了稳定且强大的基础学习力。因此，在教学中我们要求每一堂课的设计都要致力于学生学科核心素养的培育。

**2. 优化教学情境和问题导向**

在教学中优化教学情境和问题导向，让学生在更加真实的情境中体悟知识、能力和品德的生成。引发学生的自主探究兴趣，让学生置身于复杂而有意义的问题情境中提出解决方案。开展互动式、启发式、探究式、体验式的课堂教学，及时发现和培养学生的学习兴趣，回应学生多元的学习需求，充实学生的知识和能力，启迪学生思考，拓宽学生的求知视野。

**3. 强化自组织、探究式学习**

推动实践融入课堂教学，增加体验环节，使学生主动研究、亲身体验，增强学生的实践能力和解决生活中实际问题的能力。加强基于现实问题的课题研究、项目学习和研究性学习等自组织、探究式学习，认真开展验证性实验和探究性实验教学，有效传授学生终身受益的学习方法，让其获得积极的学习体验。

**4. 深化教学互动和教学相长**

构建以师生为双主体的、师生互动型的课堂教学模式，突出学生和教师在课堂教学中的主体作用，突出教学相长，实现以学生为主体的自主、全面、整体发展的教学价值取向，实现以教师为主体的自觉、专业、学术性成长。

东北师大附中开展了以学科核心素养落地为中心，涵盖教学情景、学习方式、师生互动和信息技术的综合教学改革，并以"百花奖"教学大赛为平台，五年来通过 120 多节研究课全学科开展教研实验，凝练出新时代"五以"教学思想，成果得到教育部的认可和推广。

总之，拔尖创新人才培养是一项长期性、系统性的工程。高中和大学的所有教育工作者都应该抓住教育衔接的牛鼻子，发现、保护和培育有创新潜质的学生。新时代，我们将紧紧围绕拔尖创新人才的培养目标，主动对接清华大学丘成桐少年班、丘成桐数学英才班、物理学科攀登计划，北京大学数学英才班、物理卓越计划，中国科学技术大学少年班等基础学科拔尖创新人才培养平台，搭建合适的高中生成长通道，让有创新潜质的学生发挥个性特长，自主自由生长，为高校拔尖创新人才培养打好基础，服务国家教育强国战略。

## 【参考文献】

[1] 陈如平. 坚持教育优先发展 加快建设教育强国[N]. 中国经济时报，2022-12-08(3).

[2] 董干强. 创新型人才培养视角的思政教育专业改革[J]. 中学政治教学参考，2022(31): 99-100.

[3] 李文化. 与大学深度合作视角下的人文社科创新人才培养模式[J]. 吉林教育，2019(Z4): 10-11.

[4] 乔锦忠，沈敏轩. "强基计划"及其对基础教育改革的影响[J]. 中国教育学刊，2021(1): 43-47.

[5] 邵志豪，解庆福. 学术型中学的学校教育哲学阐释——以东北师大附中特色发展的理论探索为例 [J]. 中国教育学刊，2020(5)：1-6.

[6] 邵志豪，张福彦，解庆福. 新时代"五以"教学思想与教学实践 [J]. 基础教育课程，2022(Z1)：40-46.

[7] 宋亮. 大学先修课在高中试水 [J]. 教育，2016(49)：29-30.

[8] 王祥斌. 论"强基计划"下高中学科竞赛的地位与作用 [J]. 中学教学参考，2020(18)：3-4+98.

[9] 张福彦，孟安华，刘丹，等. 学生发展导向的课程与教学改革实践——以东北师范大学附属中学为例 [J]. 现代教育科学，2022(5)：11-18.

[10] 周春梅. 高中学段"生涯规划"的现状梳理及实践研究——以东北师大附中为例 [J]. 吉林教育，2018(9)：19-22.

# 构筑生命场域赋能基础教育创新人才培养

高 琛

**作者简介：**

高琛，东北育才教育集团总校长，教育学原理博士，中学正高级教师，二级教授，辽宁省文史研究馆馆员。第十三届全国人大代表，全国劳动模范，国务院特殊津贴获得者，辽宁省领航校长，辽宁省卓越校长，辽宁省领军人物，辽宁省首届基础教育系统五十名专家型名校长，沈阳市教育专家。

办学理念：教育——为每个孩子准备好未来

# 一、研究背景

党的二十大提出了关于教育、科技、人才三位一体布局的战略要求，其中，"着力造就拔尖创新人才"是强化国家战略科技力量、加快实现高水平科技自立自强的关键支撑，是推进教育现代化、建设教育强国的重要任务，关系到我国能否在百年未有之大变局中实现科技自立自强和经济创新发展，进而全面实现现代化。基础教育作为教育强国的"基点"，也是拔尖创新人才成长的摇篮。因此，基础教育学校需要发挥教育的奠基性作用，为拔尖创新人才的早期发现与培养探索有效路径，担负起人才培养的时代使命。

## （一）基于国家民族发展的需要

当前，国家对创新型人才的渴求达到了前所未有的高度，在经济与社会创新驱动发展的趋势下，面对经济、科技"卡脖子"的问题，科技创新发挥着关键作用，创新人才的教育和培养具有决定性意义。近年来，无论是《中国教育现代化2035》，还是国家"十四五"发展规划，都在强调培养拔尖创新人才既是时代的强烈呼唤，也是整个社会和民族的责任。习近平总书记也提出"加快建设教育强国、科技强国、人才强国，坚持为党育人、为国育才，全面提高人才自主培养质量，着力造就拔尖创新人才，聚天下英才而用之"。

## （二）基于学校发展的需要

创新人才培养是一项长期的系统工程，其中，基础教育阶段是发现学生独特性、激发学生创造性、培养学生创新思维、提升学生科学素养的关键期，在创新人才培养中起到重要的奠基作用。东北育才学校从1986年开始进行超常教育实验，持续探索拔尖创新人才的培养模式，是国内较早开展、至今仍在坚持的中学之一。在以高质量发展为主题的时代背景下，东北育才学校亟须以创新人才培养范式改革为抓手，进一步解放思想、改革创新、凝聚智慧，提升育人水平，肩负起时代赋予基础教育的责任与使命。

## 二、理论基础

近一百年来，国际学术界在创新人才的发现与培养上经历了两大转变：一方面，从通过智力测验遴选天才儿童的遗传决定论，转变为重视后天发现和教育养成；另一方面，从"关注前1%~3%的智商超常儿童"到"尊重每一个学生的创新潜能发展"。我国有关创新人才培养的实践范式正处于转型的关键节点，需要坚持创新面向人人的基本理念，尊重每个学生的创新发展潜能。

### （一）教育本质论与个性化发展理论

教育本质论认为教育不仅传授知识，而且促进个体的全面发展，强调培养学生的创造性思维和实践能力。教育被看作引导学生发现、发展和实现自身潜力的过程。个性化发展理论进一步强调了每个学生在成长过程中具有独特的发展轨迹和需求，因此教育应该根据学生的个体差异量身定制，促使其在兴趣、激情和能力上实现最大化发展。

### （二）多元智能理论

世界著名教育心理学家加德纳提出，智能是在某种社会或文化环境的价值标准下，个体用以解决自己遇到的真正难题或生产及创造出有效产品所需要的能力，这一能力一共有八种，每种以相互独立的形式存在，但在人身上显现的并非仅是一种，而是一组。因此要尊重个体的差异，认清个体的强项，从而因材施教，施以有针对性的教育，达到最大限度发挥个体潜能的目的。

### （三）脑科学与神经科学研究

大脑的逐渐成熟是一个人的遗传特征与外部经验交互作用的结果，这一成果加深了我们对教育开发人的潜能这一巨大作用的认识。认知神经科学对学习机制的研究以及不同学习领域的脑机制研究，改变了对传统单一智力理论的迷信，让我们相信每个学生都具有成才的不同潜能，启示教育应当为发展每个学生的优势潜能服务。

这些理论均强调了创新能力是每个人都具有的自然属性与内在潜能，推动学校在人才培养过程中更加关注学生个体差异，真正做到因材施教。同时也让我们愈加深刻地意识到，教育就是要挖掘和培养人的个性潜能和创新能力，使其发展更加完满，生命更有价值。因此，教育不应只有分数和升学率，更要让学生有完整的灵魂和坚定的价值追求；不应仅关注知识和技能堆叠的厚度，更要关注学生体质、意志品质和涵养的高度。

## 三、实践路径

在创新人才培养探索过程中，东北育才学校始终坚持为党育人、为国育才，努力构筑学生成长的生命场域，满足、顺应、引导和发展每一名学生的个性潜能，相继形成了"超常学生，高效学习""单科强化，能力迁移""开发潜能，超越常态""提升素养，激发潜能"等人才培养模式，育人理念实现了从"始于优"向"使之优"的转变。

### （一）以沉浸式德育涵养学生精神成长

教育的第一要务是立德树人。学校把德育目标确定为"让学生拥有为中华之崛起而读书的理想信念，拥有报效祖国的赤子情怀，拥有让生命之花绽放的幸福人生"，以学生发展为主线，以活动课程为载体，使学生在自主体验中内化社会主义核心价值观，夯实公民道德基础，实现教育对人生的正确引导。

学校坚持以自主体验坚定学生的理想信念。东北育才学校是周恩来总理少年读书的地方，他在这里立下了"为中华之崛起而读书"的宏伟志向。学校把中华优秀文化教育作为抓手，充分挖掘和利用周总理的育人资源，形成了以周恩来少年读书旧址纪念馆为阵地、以学生自主创建的学术型社团"东北育才学校青年周恩来精神研究会"为引领的德育生态，通过组建纪念馆志愿讲解团、编排青年周恩来课本剧、讲述周总理家风故事等内容丰富、形式多样的实践活动，进一步完善了育才的励志教育体系，将"为中华之崛起而读书"的"根"和"魂"生动地融入学生心灵，以总理精神诠释、丰富育才青年的精神内涵，培育"少年中国魂"。

同时，学校通过生涯教育激发学生的成长自觉。实施生涯教育，不仅要注重培养学生的自主选择能力，更要强调帮助学生建立起自我认证体系，在正确的自我认知基础上树立合适的愿景。学校将"指导"的理念和方法引入到德育工作中，在实践中采取了丰富多样的活动形式。学校构建"一体四翼"生涯教育体系、建立"学长制"、举办"情系育才"大学文化节，邀请优秀校友回到学校，为近千名学生和家长做精彩的演讲，用榜样的力量激励更多的育才学子；成立家长职业联盟、开展生涯会客厅、建立"生涯教育基地"，整合社会资源，为学生开展职业体验实践活动提供多维空间支持。

## （二）以多元课程满足学生个性选择

在"核心素养"框架指导下，学校将课程目标定位在：让学生掌握适应终身学习的核心知识和技能，形成终身受益的思维品质和健全人格，培养家国情怀和创新能力，为成为未来社会各行各业的领军人物打好基础。

科学、合理、弹性化的课程是创新人才培养的保障。一方面，学校推进国家课程的校本化，在保证国家课标有效实施的前提下，突出学生创新思维与学习能力的培养，同时关注学生体质和意志品质、艺术素养、正确劳动观念的培养和提升，形成凸显学校特质和品位的课程图谱；另一方面，学校加强校本课程的系统开发建设，从学科拓展、公共选修、大学先修、在线学习、综合实践等方面开展持续的探索和实践。

课堂教学是课程方案、课程标准落地实施的重要载体。学校在"尊重生命主体，激发成长潜能"的课堂教学理念指导下，构建起以两项"关注"、三个"还给"、四条"原则"为主要标志的学校常态课堂，促进核心素养导向下教与学方式转型，深化单元教学设计研究，注重个性化教学，为学生创新发展提供个性化学习方案，让实践、沉浸、对话、互动、参与、体验成为教学常态。随着数字技术的发展，课堂改革步入"数智化"发展阶段。在以开放、互动、共享为特征的教育环境下，学校积极推进教育与数据智能的深度融合，持续探索基于人工智能的个性化学习、基于大数据的精准学习和基于技术支持的深度学习，以数字技术赋能课堂教学方式变革，为学生提供个性化学习服务，培养学生的科学探究能力和创新精神。

### （三）以思维转型释放队伍发展新动能

教师的科学精神、思维品质、人文底蕴无时无刻不在影响着学生的发展。为打造一支志存高远、严谨务实、与时俱进的创新型教师团队，学校高度重视教师培训。

一方面，聚焦教师观念革新开展导引式培训，通过广泛开展职业理想和职业道德大讨论，"讲述育才人自己的故事"、成立"班主任讲师团""烛光志愿者服务队"等方式，在教师培养、培训工作中加强思想政治教育，引导教师在教育大转型时代，努力将国家意志本土化，将改革理念校本化，将愿景目标一致化，强化教师为党育人、为国育才的教育价值观和职业使命感。

另一方面，注重分层分类开展教师专业化培训。基于时代发展对教师专业成长的新要求，采取"精准培养、分类施策"的培养机制，助力每一位教师的专业成长。聚焦教师核心素养和核心能力，以能力改进为核心，根据不同教师的发展需求，开展阶段有侧重、能力有进阶的实践研修。积极打造学科教学、跨学科教学、协同育人、特色发展团队，营造群体教研的浓厚氛围，在同伴互助中实现协同发展,以集体的齐心协力成就个人和学校的教育梦想。以教师自我成长长效动力机制,激发教师的成长动力和创新精神。

### (四)以科学评价激励学生可持续发展

当前,教育现代化发展已经迈入深水区,教育评价越来越显现出它作为"牛鼻子"的重要作用。学校以"四个关注"为抓手,丰富与完善评价机制,建立以服务学生的终身发展为导向的立体式、多方位评价体系。

在具体实践中,一方面,学校加强过程性评价。依据育才创新人才培养目标,在对学生素质进行全面评估的基础上,突出对学生创新实践能力等方面的考核;实行学生行为习惯积分制度等评价方式,将调查报告、项目设计、实验操作、社会活动等实践性成果纳入评价体系,力求客观、真实、全面地反映每个学生的发展轨迹。目前,学校已经建立起"明德(DIAMOND)"学生评价体系,包括"发现、个性、丰富、多元、导向、崭新、发展"七个核心思想,涵盖教育与培养、评价与反馈等多个维度,贯穿人才培养过程的始终。

另一方面,学校加强发展性评价,通过推进混合式学习模式、加强基于动态学习的数据分析和运用"云、网、端"平台,在跟踪、积累学生在校期间的学业动态发展的基础上,进行科学的成绩统计、归因分析,让数据服务学生的发展需求,有效提高了评价的真实性和针对性,实现了教学决策数据化、评价反馈及时化、交流互动立体化、资源推送多元化。

### (五)以资源整合探索协同育人

学生所处的成长生态,本质上是围绕着教育性互动而形成的一种关系网络,学校教育需要指导并协调家庭、社会教育,使三者围绕学校人才培养的核心目标对话互动,协同发力。

对学校而言,家校合作的意义不应仅局限在开发家长资源为己所用,更在于多创造机会让更多的家长对学校有深度体验,把学校人才培养的理念与实践经验传播给家庭，激活家长的教育能量和教育激情，真正形成合力育人的局面。家长学校、家长校园一日生活体验、亲师有约等家校品牌活动的举办，进一步增进了家校沟通，将学校育人的价值取向通过丰富的案例传递给家长。

社会教育对学生成长的独特意义，要求学校以积极的姿态，主动吸收、整合一切有益于学生发展的教育资源。早在 2000 年，东北育才学校就通过建立包括科研院所、企业、社区等在内的创新实践基地，开始探索开放办学、科教携手、合作育人的有效途径，逐步实现了课程资源从"学校开发"到"社会支持"的转变。学校每年组织学生开展校外研学活动，先后赴云南、四川、江苏等地，与当地的科研院所合作，由科研院所的专家教授为学生量身打造富有研究特色且符合学生认知水平的课程内容，带领学生完成科研项目研究，引导学生接触学科前沿热点，培养学生对科研的兴趣。

同时，学校也十分重视与高校在教育上的衔接。作为辽宁省最早参与"中学生英才计划"的基础教育学校，东北育才学校每年都有十余名学生参与到培养项目中来，接受院士团队的直接培养并完成科研项目，而且表现突出。截至 2024 年，已有 117 名学生参与培养项目，17 人获评全国优秀学员，优秀学员人数在全省遥遥领先。特别是有 5 名学生先后受邀参加"世界顶尖科学家论坛"，均是当年东北地区仅有的受邀的高中生。同时，学校还开设多门大学先修课程，同多所大学和科研机构建立共同培养项目，协力培养学生的创新思维能力，为其日后从事科研工作奠定坚实的知识和学术基础。

## 四、未来展望

激发学生的早期创新意识、启发学生的学习兴趣、引导学生的研究志向，既是基础教育学校的使命，更是责任和义务。未来，我们还将在以下三个方面深化创新人才培养的探索与实践。

一是深耕拔尖创新人才培养的有效模式和工作机制。进一步加强学校的育人能力和水平，为在基础学科领域具有创新潜能的学生提供更高品质的教育资源和平台。推进育人方式变革，尤其是增加学生情境探究性、体验式、项目化、问题化等学习方式，激发学生的创新潜能，提高学生在真实情境下创造性解决问题的能力。创新学校办学的体制机制，营造自由、民主、开放的育人生态。

二是整合资源。依托"强基计划""中学生英才计划"等创新人才培养计划的实施，深化与高校、科研机构的联系与合作，设立基地，重点开发数学、物理、化学、信息学等基础学科的大中一体化培养课程，加强大学和高中在人才培养方面的衔接，探索创新人才贯通培养的特色路径。

三是进一步加强高层次人才的对接、引进与培养，打造优秀师资队伍。针对多样化的创新人才培养模式，设计教师订单式培养方案，在教师专业发展上，由学校内部自我培养转向高校、科研院所和基础教育学校之间合作培养。

## 五、结语

基础教育是创新人才成长的摇篮，事关国家发展和民族未来，事关学生的健康成长和家庭的幸福和谐。作为中学校长，我们有责任回应时代之需，深刻理解教育是国之大计、党之大计，努力践行教育强国、科教兴国、人才强国战略，通过育人方式的创新改革，为学生提供创新发展的"土壤"，让有潜质的学生得到浸润式培养，为基础教育高质量发展做出新的更大的贡献。

【参考文献】

[1] 高琛. 东北育才学校人才培养模式探索 [J]. 创新人才教育，2018(1): 52-55.
[2] 高琛. 探索现代学校治理的"育才模式" [J]. 中小学管理，2021(4): 5-8.
[3] 刘坚，董瑶瑶，刘启蒙. 基础教育阶段创新人才培养的误区及范式转变 [J]. 人民教育，2023(18): 30-33.

# 着力造就拔尖创新人才：其势、其道、其法、其术、其器

谢永红

**作者简介：**

谢永红，湖南师范大学附属中学党委书记，正高级教师，享受国务院政府特殊津贴专家，第十三届湖南省政协委员，第八届湖南省督学。曾获全国教育改革卓越校长、全国群众体育先进个人、湖南省五一劳动奖章、湖南省徐特立教育奖等荣誉。先后三次受到习近平总书记的亲切接见。

办学理念：以人为本，兼容并蓄

拔尖创新人才是国之重器，培养拔尖创新人才是实施人才强国战略的重要支撑。拔尖创新人才不是自然生长出来的，而是精心培养出来的。清代思想家魏源曾说："人材者，求之则愈出，置之则愈匮。"拔尖创新人才正是如此，唯有上下同欲用心"求之"，才有可能出现习近平总书记所期待的人才"像井喷一样涌现出来"的理想局面。中小学是着力造就拔尖创新人才的基础性环节，尤其应当识其势、明其道、得其法、讲其术、备其器，切实解决认识不足、定位不准、衔接不畅、协同不力等问题，凝心聚力做好拔尖创新人才的早期培养工作，全面践行为党育人、为国育才的初心使命。

## 一、识其势：顺势而为做弄潮

《史记·孙子吴起列传》里说："善战者，因其势而利导之。"作战要因势利导，育人也要顺势而为。培养拔尖创新人才必须顺应时势、把握局势、洞察情势、符合趋势，精准研判形势，抢抓机遇，主动变革方式，科学育人，促进学生全面而有个性的发展，培养堪当民族复兴重任的时代新人。

一是要顺应国际竞争的大势。当前，世界百年未有之大变局加速演进，中华民族伟大复兴进入攻坚关键时期。国际竞争归根结底是科技、人才、教育的竞争，科技已成为第一生产力，人才已成为第一资源，创新已成为第一动力，创新力已成为国家发展的动力源泉、综合国力的核心指标、国家竞争力的关键要素。培养拔尖创新人才，是国际教育发展的大势大潮，是国际教育竞争的热点焦点。

二是要把握国家战略的大势。党的二十大强调，"加快建设教育强国、科技强国、人才强国"，"全面提高人才自主培养质量，着力造就拔尖创新人才，聚天下英才而用之"。着力造就拔尖创新人才，事关科教兴国、人才强国、创新驱动发展战略的全面实施，是全面建设社会主义现代化国家的根本大计和基础工程，是新时代学校教育的基本职责和重大使命。

三是要明察教育发展的大势。教育是国之大计、党之大计。近年来，国家接连出台《关于新时代进一步加强科学技术普及工作的意见》《全民科学素质行动规划纲要（2021—2035年）》《关于加强新时代中小学科学教育工作的意见》等政策文件，其核心就是在教育"双减"中做好科学教育加法，一体化推进教育、科技、人才的高质量发展。强化科学教育，培养创新人才，是教育发展的时代要求和必然趋势。

## 二、明其道：循道而行担大任

中小学是着力造就拔尖创新人才的基础性环节，但普遍存在三大问题：一是认识不足，定位不准，未能达成拔尖创新人才早期培养共识；二是衔接不畅，协同不够，未能建立拔尖创新人才选鉴共育机制；三是师资不强，导育不力，未能打造拔尖创新人才早期培养专业化团队。究其根本，在于"道不同不相为谋"。站位不高、定位不准，自然难免认识不足、行动迟缓、衔接不畅、协同不够、导育不力。中小学必须明大道、担大任，主动将拔尖创新人才早期培养的使命责任担在肩上，而不是推给别人。

一是要深明人的全面发展之道。人是教育的出发点、根本点和归宿点，学校教育必须关注人的本质发展，关注人的自身发展的需要和社会发展的需要。什么样的教育能帮助孩子具备适应终身发展和社会发展需要的必备品格和关键能力？这是教育工作者必须深思叩问、深刻领悟的育人大道。真正的教育，不仅要让孩子知道世界是什么样的，还要让孩子明确世界为什么是这样的、怎样让世界更美好。因此，勇于探索、勇于创新、富有生命力的人，才是全面而有个性发展的人，才是终身可持续发展的人。

二是要深明拔尖创新人才成长之道。中小学阶段是培养学生创新精神和实践动手能力的最佳阶段，是形成相对稳定的个体性格、专业志趣的关键时段。习近平总书记强调："对科学兴趣的引导和培养要从娃娃抓起，使他们更多了解科学知识，掌握科学方法，形成一大批具备科学家潜质的青少年群体。"人误地一时，地误人一年；师误生一时，则误生一世。值守在青少年成长成才的机会窗口，中小学教师必须深明人才成长大道，深明为党育人、为国育才大义，自觉在教育"双减"中做好科学教育加法，积极担当拔尖创新人才早期培养的使命责任。

三是要深明拔尖创新人才培养之道。培养拔尖创新人才不只是高校的事情，中小学和高校应当一体联动、衔接贯通，而不能各自为政、封闭割裂。培养拔尖创新人才与教育公平并不矛盾，机会公平必须捍卫，过程公平也要维护，中小学理应为有创新潜质的学生提供合适的教育，这是对个性禀赋的基本尊重，也是对有天赋、有志趣、有潜力的学生的最大公平。培养拔尖创新人才不同于精英教育，不能只盯着少数尖子，而要面向全体学生；不能只关注其学业水平和所谓"精英意识"，而要培养其面向未来所必备的创新精神、创新品质、创新思维和创新人格。

## 三、得其法：科学培养开新局

韩愈在《马说》中指出，"千里马常有"，怕就怕"策之不以其道，食之不能尽其材，鸣之而不能通其意"。中小学进行拔尖创新人才早期培养，一定要拥有伯乐一样的识才本领和育人智慧。得其法者事半功倍，不得其法者事倍功半。培养拔尖创新人才，必须遵循教育规律，贯彻党的教育方针，确立科学的人才观、成才观、教育观。

一是要恪守立德为先的原则。立德树人是教育的根本任务，培养什么人、怎样培养人、为谁培养人是教育的根本问题。拔尖创新人才早期培养必须坚持立德为先，帮助学生扣好人生第一粒扣子。要从全面发展、个性发展、家国情怀、全球视野等多维度强化育人价值引领，不仅要做学生学习知识、创新思维的引路人，而且要做学生锤炼品格、奉献祖国的引路人，积极引领青少年立大志、明大德、担大任，使其成为有理想、有本领、有担当的德智体美劳全面发展的社会主义建设者和接班人。要培养堪当民族复兴重任的时代新人，而不是应试狂魔、刷题机器、精致的利己主义者。

二是要构建一体联动机制。目前，大中小学段割裂、育人链条脱节、家校社资源分散、教育协同缺乏等问题较为突出。中小学应当从实际出发，因地制宜地整合优质资源，打通育人壁垒，构建跨领域、跨区域、跨学校、跨学段、跨学科的联培共育体系，通过向内挖潜早期培养、向上对接贯通培养、向下衔接前置培养、向外连接联合培养、向网链接智慧培养等多种方式，实现学校主阵地与社会大课堂的一体联动，形成内筑生态圈、外建协同体的理想格局。

三是要实施基于研究的教育。问题、研究是创新之法宝，培养拔尖创新人才就是要引领学生发现问题、研究问题、解决问题，从而培育其问题意识、思辨能力、探究习惯和科学精神。科学的本质特征是求真，科学教育必须"千教万教教人求真，千学万学学做真人"。拔尖创新人才早期培养，一定要实施基于问题研究的教育，探索互动式、启发式、探究式、体验式等课堂教学，引领学生深度思考、深入探究，重走科学家们走过的求是求真之路，感受知识发现过程，体验科学创新规律，在朝着科学家目标奋进的漫漫求索路上实现拔尖创新人才的卓越成长。

## 四、讲其术：因材施教育新人

培养拔尖创新人才，需要在课程、教法、学法、师资、设施等方面作精准匹配，为其提供合适的教育，满足不同潜质学生的发展需要。因材施教是中华民族千锤百炼的教育思想，尊重差异性、不搞一刀切，是拔尖创新人才早期培养的必由之道。

一是要讲究慧眼识才之术。有创新潜质的人才不等于早慧儿童，不能按照早慧儿童的标准去选拔，否则爱因斯坦、牛顿、霍金、华罗庚、罗家伦等都将不符合选鉴标准。有创新潜质的人才不等于全才通才，人人都具有多元智能，但其智能存在强弱、主次、优劣之分；人人都有创新潜质，但往往只适用于某一特定领域，不可能通用于所有领域。金无足赤，人无完人，求全责备必然导致"天下无马"。有创新潜质的人才不等于尖子学生，所谓"尖子"往往只是学业水平能力拔尖，道德修养、问题意识、思辨能力、探究习惯、科学素养等综合素质不一定拔尖。培养拔尖创新人才应该重点考察学生的天赋、志趣、激情、毅力等内驱性因素，应该不拘一格降人才，绝不能堕落成"变相掐尖"。

二是要讲究智慧育人之术。要开活国家课程，将创新思维、科学方法融会渗透到学科学习之中，激发中小学生的好奇心、想象力和探求欲；要开发创新课程，推进基于问题探究的科学教育，满足学生科创普修、人文精修、专长深修、竞赛专修等课程需求；要创设探究课堂，引导、指导、督导学生自主学习、合作学习、探究学习和体验式学习，构建以问题为载体、以自主研习和合作探究为主体的课堂教学样态；要开设研究性学习课程，引导学生广泛参与项目式学习、探究性活动；要搭建科创活动平台，引领学生广泛参与实地考察、科学探究、科普体验、科创实践等活动，努力在孩子心中编织科学梦想，撒播创新种子。

三是要讲究师资培养之术。培养拔尖创新人才，要依靠高素质、专业化、创新型教师。一方面要采取专业引领、同伴互助、自主研修相结合的方式，精心培养富于情怀、勤于学习、长于实践、崇尚学术的研究型教师；另一方面要创设"一制两化三级四体"管理体制，提升拔尖创新人才早期培养导师的专业水平和育人能力。"一制"即教练制，实行并落实主教练责任制；"两化"即专业化、专职化,让专业人员集中精力专司其职;"三级"指构建工作室、工作站、工作点三级网络;"四体"指组建年级教练协作体、班级教练协作体、学科教练协作体和教练师徒协作体。

## 五、备其器:筑台铺路促成长

"工欲善其事,必先利其器。"拔尖创新人才早期培养需要肥沃的土壤、适宜的气候和优良的环境,必须搭建多元平台,提供必要条件,为其茁壮成长筑好台铺好路。目前,中小学基础性办学条件已经大大改善,但从着力造就拔尖创新人才的角度看,还有很多工作要做。

一是搭建青少年心智测试平台。心智检测是选鉴拔尖创新人才的必要环节,学业检测、健康检测等都不能完全替代心智检测。尽管人才选鉴是一个动态过程,但心智检测参考价值巨大,有利于潜质人才的早发现早培养。目前,基础教育界普遍缺少青少年心智测试平台,更缺少青少年心智测试机制,亟须多方协同搭建平台并建章立制,提升中小学心智检测能力水准。

二是搭建青少年创新体验平台。拔尖创新人才需要点燃,科技创新体验则是最佳点燃方式。目前国内除教育发达地区的少数名校之外,中小学科技创新体验场馆较少,与国外中小学差距甚大。见少识浅,会抑制学生好奇心,限制学生想象力。政府和科技企事业单位宜大力支持,协助中小学广泛搭建科技体验平台,形成创新教育"场效应"。

三是搭建青少年展示锋芒的平台。好孩子是夸出来的,拔尖创新人才更是"秀"出来的。目前,国内为中小学生提供小试牛刀的机会越来越少,很多有意义的竞赛、竞技活动,都出于追求教育公平、规范办学行为之类的考量而被限制或取消了。培养拔尖创新人才,不能"十年磨一剑,霜刃未曾试",要多方搭建青少年展示锋芒的平台舞台,让有天赋、有志趣、有潜力的孩子获得"秀"出来、冒出来的机会。

创新是时代的主题，创新人才是时代的中坚，而培养创新人才是新时代教育人的使命追求。"李约瑟难题""钱学森之问"悬而未解，成为教育人的心头之痛。如今，教育、科技、人才已成为全面建设社会主义现代化国家的基础性、战略性支撑，着力造就拔尖创新人才已上升为国家战略。值此创新发展高歌猛进的伟大时代，中小学应当以"成民族复兴之大器"为己任，把握创新发展大势，凝聚科学教育共识，增强智慧育人本领，搭建选鉴培育平台，积极探索小中大一体化贯通式培养路线，全面践行为党育人、为国育才的初心使命，力争成为以解答"李约瑟难题""钱学森之问"为使命的人民满意的学校。

## 【参考文献】

[1] 胡卫平. 青少年科学创造力的发展与培养 [M]. 北京：北京师范大学出版社，2003.

[2] 谢永红，黄月初. "教师成为研究者"：高中研究型教师培养的 20 年修炼 [J]. 中国基础教育，2024(1)：53-57.

[3] 谢永红. 拔尖创新人才早期培养要道法术并重 [J]. 教育家，2024(6)：24.

[4] 谢永红. 成民族复兴之大器：拔尖创新人才早期培养 40 载坚守与超越 [J]. 中小学管理，2023(9)：5-9.

[5] 郑泉水. 关于创新型人才选拔评价的思考与实践 [J]. 中国考试，2024(1)：3-5.

# 培根铸魂 夯实培养拔尖创新人才的根基

王明伟

作者简介：

王明伟，哈尔滨市第三中学校党委书记，教育硕士，正高级教师，特级教师，硕士生导师。

办学理念：培养有赤诚之心的担当者

当前，世界百年未有之大变局加速演进，优秀人才特别是拔尖创新人才的培养成为民族复兴的迫切需要。党的二十大报告提出要"坚持为党育人、为国育才，全面提高人才自主培养质量，着力造就拔尖创新人才，聚天下英才而用之"。《普通高中课程方案（2017年版2020年修订）》指出，"普通高中教育是在义务教育基础上进一步提高国民素质、面向大众的基础教育……任务是促进学生全面而有个性的发展，为学生适应社会生活、高等教育和职业发展作准备，为学生的终身发展奠定基础"。高中教育需要在拔尖创新人才的培养上有所作为。

哈尔滨市第三中学校（以下简称哈三中）在近期就高中阶段的教育对学生创新能力培养的作用进行了问卷调研。共有167人参与了调研，其中不乏工程师、大学教授、研究员等，其中博士研究生有74人，占比44.3%，硕士研究生有56人，占比33.5%。参与调研的人员来自北京、上海、广东、陕西、江苏等33个国内地区，以及美国、英国、加拿大、澳大利亚、瑞士等国外地区。年龄结构中，35岁以下的达119人，占比71.3%。从统计的数据来看，认为高中阶段的教育对个人创新能力培养发挥着重要作用的有145人，占比86.8%，认为作用较小的只有7人。

针对"高中阶段对学生成长影响最大的教育活动及该项活动对哪方面能力进行了塑造"这一问题，他们的回答呈现了丰富、多样的特点，涵盖学科学习、体育锻炼、德育活动、社会实践、社团活动、艺术活动等方面，塑造的能力素养包括学习、沟通、心理调节、思维、实践、组织管理、创新等。

关于高中阶段哪些素养的培养有助于拔尖创新人才的成长，问卷提供了"兴趣与好奇心""远大的志向与抱负""学科竞赛（奥赛）成绩""沟通与合作""良好的心理品质""健康的体魄""优异的学业成绩"等诸多选项，要求参与问卷调查的人员在其中选出五项并进行排序。有127人选择了兴趣与好奇心，其中94人将其排在了前两位，占比达74%；有77人选择了远大的志向与抱负，其中 59 人将其排在了前两位，占比达 76.6%；有 114 人选择了沟通与合作能力，其中 42 人将其排在了前两位；有 128 人选择了良好的心理品质，其中 41 人将其排在前两位；有 95 人选择了健康的体魄，其中 27 人将其排在了前两位。

结合以上的调研数据和哈三中的办学实践，我们认为高中阶段对拔尖创新人才的培养，需要培根铸魂，夯实根基，给学生提供适宜的成长土壤，为其搭建发展平台，使其在多元的学习体验中夯实基础，使其个性更加完善，使其好奇心、想象力和探求欲得到激发，使其远大的志向与抱负得以扎根。正如德国存在主义哲学家雅斯贝尔斯所言，"只有内心带着火花的人，才会被传承的真理点燃"。

## 一、构建"三育课程"体系，为学生提供多元的课程选择

朱永新说："一所理想的学校应该有一个面向所有学生，为了学生全面发展的课程体系。"

### （一）注重个体差异，满足学生的成长需要

哈三中在学校课程体系建设上统筹国家课程和校本课程，关注学生核心素养的提升，构建了由"普育筑基"、"个育延展"和"卓育提升"组成的"三育课程"体系。

"普育筑基"课程聚焦学生终身成长必备的基础知识、基本能力，注重凸显哈三中学生特有的标识或特质。"个育延展"课程服务不同学生的特长发展和兴趣延伸，并给学生以更多的课程选择。"卓育提升"课程服务能力、禀赋出众的学生，培养拔尖创新人才，并突出高中与大学的链接、高中与国家省市重要项目的链接。课程内容涵盖科学知识探究、人文素养提升、技术实践创新、审美情趣陶冶、信息意识培育、传统文化浸润、公民素养

提升、国际视野拓展、社会生活参与、健康身心养成等十大类。

### （二）整合教学资源，拓宽学生的知识视野

为了给学生提供更专业的指导、搭建更优质的平台，哈三中通过"内部挖掘"的办法，遴选在学科专业知识方面有较深研究的教师，开设数学、物理、化学、生物学、科创等各学科的竞赛课，为学生提供不同专业领域的基础性课程。通过"外部引进"的办法，引入高校和科研院所的资源来弥补高中资源不足的问题。利用北京大学、中国人民大学、哈尔滨工业大学等高校资源，开设大学先修课程；与哈尔滨工业大学大数据集团签订关于"人工智能与科技创新"的合作协议，依托哈尔滨工业大学大数据集团的科技创新辅导团队，开设 AI 课程；邀请专家学者走进校园，开展科技创新讲座，让学生了解当前最新的科技前沿动态；与哈尔滨工业大学、哈尔滨工程大学、安天实验室、中国船舶重工集团公司第七〇三研究所等高等院校或科研院所建立合作关系，并设立科普基地。通过"借助项目"的方式，依托国家、省市以及高校的拔尖人才培养项目，拓展学生发展空间、提升创新教育品质。如"中学生英才计划"、小平科技创新实验室、中芬创新教育实验平台、上海交通大学"学森挑战计划"、哈尔滨工业大学"紫丁香拔尖创新人才培养计划"等项目。2023 年，学校被评为"中学生英才计划"优秀组织单位，入选北京大学博雅人才共育基地。

### （三）创新教学形式，培养学生持久的学习力

一是强化探究的学习方式，让研究与思考成为学习的常态。哈三中自 2003 年起就开展"研究性学习"活动，促使学生自主深度学习、建构知识体系、形成多维能力。不仅改变了过去学生以单纯地接受教师传授知识为主的学习方式，还为学生构建了开放的学习环境，提供了多渠道获取知识、并将学到的知识综合应用于实践的机会。学校成立"学生学习共同体"微课题，以课题研究为牵动，引导学生关注现实生产、生活，在跨学科的探索与

研究中，有效激发学生的学习兴趣点、内驱力。

二是打造中国式"STEAM"课堂，让科学与工程教育有所依托。通用技术教师与物理、美术教师共同设计项目主题，指导学生进行项目实施。主题有体现大过程、大情境的面向真实世界、真实问题的木工设计制作、自承式桥梁搭建、模拟3D全息投影系统建造、桐木条结构设计承重比赛等，还有和学生日常生活息息相关的座椅收纳箱、冬季滑冰车等。这些项目旨在让学生主动发现和解决问题，感悟科学原理的应用，完善工程设计与产品制作，体验工程教育思维，强化自我建构学习过程，发展高阶思维。哈三中引进哈工大大数据集团的科技创新辅导团队，为学生提供科技创新竞赛课程，构建起"学、练、赛"一体化链条。

三是实施"课赛结合"模式，让学生体验科技创新的乐趣与价值。2015年以来，哈三中采取"课赛结合"模式，以科技创新工作室教师、创新智能联盟社团和航模社团的学生为骨干力量，开展"课赛结合模式的高中生科技创新能力的培养与提高"的试验研究，给学生以趣味性的、科技味道浓郁的项目体验，激情燃趣，让学生在动手操作中感悟科学技术的应用原理，主动地发现和解决问题，促使学生全身心投入学习，分析、评价、创造，形成核心活动学习圈，自我建构学习过程，发展学生的高阶思维。学校还成立科技创新工作室，建设"天工"创客空间，配备3D打印机、机器人套件、航模套件、激光雕刻机等多种现代化设备，为科创活动提供了广阔平台。

## 二、构建多彩的校园活动，在自主氛围中激发学生的主体意识

德国教育家第斯多惠曾说过"教育的本质就是激发主动"。学校应尊重学生的主体地位，发挥学生的主动性，促进学生自主教育、自主管理、自主提升，激发他们的创造力、增强他们的责

任感和使命感。

(一)让学生走上讲台,推动其深度学习

一是开设"学生讲坛"。学生自行选题、自主编排讲义并担任授课讲师,深度参与到校本课程的建设实施中。二是举办"馨思讲堂"。哈三中于2016年创办的"馨思讲堂"汇聚了在各个领域表现卓越的学生代表,他们将自己的实践经验和深刻感悟分享给大家。三是创建"支教联盟"。学生于2016年成立支教联盟,利用寒暑假为农民工子弟、留守儿童及偏远地区中小学生等提供免费义务教学辅导。截至目前,累计走访10余所偏远中小学,组织近百次支教公益讲座,听课人数近万人。

(二)以"社团"为阵地,让学生得到磨炼成长

哈三中社团体系健全,活动形式各具特色。已注册学生社团共计85个,社团在籍注册成员超过1600人。社团涵盖传统文化、科技创新、艺术体育等十大领域,涉及学生全面发展的核心素养。社团活动课进课表,固定场地,社团管理实现"互联网+信息化"。其中,模拟政协社团的《关于以"互联网+老年人关怀之家"推进中国智慧养老的提案》被提交到全国政协会议并得到民政部回复。模拟联合国社团为学生展示自己和拓宽视野搭建了广阔的平台,许多社团成员考入哈佛、剑桥、沃顿商学院、芝加哥大学等名校,在世界舞台上发出中国青年的最强音。学校已连续开展六届"社响·社团节"汇报展演活动。

(三)通过自主管理,提升学生主体意识

哈三中给学生提供更加丰富多样的活动,创造更多展示自我价值、进行人际交往的机会,使他们在参与管理与活动的过程中进行自我观察、自我评价。

一是强化学生组织建设。学校团委、学生会、社团联合会和习近平新时代中国特色社会主义思想学习会是学生实现自我服

务、自我教育和自我管理的平台，开展了诸如科学节、微电影节、艺术节、读书节、二手书市等各项活动，努力让学生逐渐完成由规划活动到规划自己的生活和未来的转变。

二是充分发挥班集体的管理作用。学校鼓励各班级学生发挥创意，设计并制作班旗、班徽等，以展现学生的创造力和艺术才能。学校秉持"知行合一""体验式成长"的理念，创设"行知班"，采取轮值周的方式，让学生直接参与学校阅读区管理和文明巡查，组织进行升旗校会、主题团会、青年大学习等活动，开展研学旅行、生涯探索实践，以深入了解社会、正确认知自我。

三是开展丰富多彩的校园活动。学校定期举办演讲、辩论、诗歌朗诵、橄榄球、商业精英挑战等校园赛事，重在培养学生的综合素质和团队协作能力。学校教育的重点便在于提供这样的氛围，搭建更多绚丽的舞台，激发学生的自主性，引导学生发现自我、展现自我、增强自信。

## 三、构建赤诚有担当的人文环境，让文化环境涵育学生成长

### （一）凝练办学理念，引领价值成长

哈三中提出"培养有赤诚之心的担当者"这一教育理念，主要源于笔者对教育实践的感悟，也是对"培养什么人、怎样培养人、为谁培养人"这一教育根本问题的思考与探索。将学校的红色基因与中华优秀传统文化相结合，在高中教育层面对习近平总书记强调的"在新的时代条件下推动中华优秀传统文化创造性转化、创新性发展"这一问题进行探索，是人才培养目标的校本化表达，也顺应了新时代学校教育的使命。"赤诚"与"担当"是中华优秀传统文化的重要元素，随着时代的进步与发展，它的内涵需要赋予时代精神意蕴，这样才能贯穿于现代教育，更好地服务学生的健康成长。

### （二）挖掘红色基因，传承精神血脉

在哈三中百年办学历史中，涌现出王复生、楚图南、符保卢等许多早期共产党人和革命志士，他们为国家独立、民族解放顽强斗争。学校有以革命志士命名的"图南路"和以学校创办者命名的"景春路"，还有以抗日英雄、奥运健儿命名的"符保卢"体育场。学校成立"符保卢体育课程中心"和"韩乐然艺术课程中心"，让革命烈士精神得以传承和弘扬。学校把"梦想·年华·使命"确立为日省词，在潜移默化中濡染学生的家国情怀、远大抱负。

### （三）树立教师形象，传递进取火炬

哈三中注重发挥教师的模范引领作用，把对教育事业的忠诚与执着落实在日常的教育教学工作中，以敬业奉献精神感染学生。一是发挥党员教师的模范先锋作用。学校设立党员教师志愿服务先锋岗，开展志愿服务。党员教师们坚持利用午休时间为学生辅导答疑，特级教师、正高级教师主动请缨，做到全学科全年段覆盖。此外，学校还组织党员教师在校园内辟地开拓"薪火林"，表达师生对民族复兴梦的期盼。二是选树典型示范，评选年度优秀人物。学校设置魁元奖、担当奖、创新奖、躬耕奖、精益奖、勤勉奖、突破奖、挚爱奖、矍铄奖、新秀奖等奖项，表彰学校各方面工作突出的教师，大力弘扬爱岗敬业、甘于奉献、踏实工作、勇于进取的精神风貌，以此影响和带动学生亲师、尊师、敬师。三是强化教师日常工作的点滴示范。教师们钻研教学业务，提升教学能力，创新教学方法，强化校本教研，以精进专业素养、提升教学能力为着力点，推动形成优良的教风学风。

## 四、展望未来，深化育人方式改革

未来，高中教育在拔尖创新人才培养方面需要打好根基，加强学生的思想品德教育，增强其爱国、自我认知教育，关注其兴

趣爱好，鼓励其进行独立思考和批判性思考，注重其全面而有个性的发展，培育其良好的心理品质和持续的学习能力。为此，学校需着重在以下几个方面发力。

一是把"人"置于教育的中心，切实增强尊重学生、爱护学生、平等对待学生的意识，尤其是尊重学生的主体性，遵循人才成长规律，助力其自然成长。

二是注重激发学生的学习兴趣与好奇心，使其贯穿学习的全过程。鼓励学生大胆质疑，让平等对话交流成为课堂的常态，从而强化学生的独立思考能力、批判性思维能力和创新能力。

三是打通基础教育和高等教育的壁垒，注重在招生、课程、教学、评价等方面更好地衔接，让拔尖创新人才培养前后接续。

新时代新征程，国家对教育、科技、人才"基础支撑"的重视达到了新的高度。作为教育部中小学人工智能教育基地，哈三中将夯实拔尖创新人才成长基础，深化育人方式改革，挖掘学生个性优势和创新潜能，助力学生成长为德才兼备的创新型领军预备人才。我们坚信：在高中阶段夯实根基的学生，一定会在后续的发展中赢得主动、赢得未来！

# 本真致美 培育英才

## ——北京八中超常儿童教育的创新实践

王俊成

**作者简介：**

王俊成，国务院参事，北京市第八中学校长、党委副书记，中学正高级教师，中学特级校长。北京市第十五届人大常委会委员，第十一届国家督学，中国教育学会常务理事，中国教育学会拔尖创新人才基础培养专业委员会理事长，首都教育高质量发展政策咨询委员会委员。获全国优秀教师、全国五一劳动奖章、全国先进工作者等荣誉，享受国务院政府特殊津贴。

**办学理念：着眼于未来，着力于素质**

## 一、创办背景与概况

党的二十大报告指出,"人才是第一资源","要坚持教育优先发展、科技自立自强、人才引领驱动,加快建设教育强国、科技强国、人才强国","全面提高人才自主培养质量,着力造就拔尖创新人才,聚天下英才而用之"。

超常儿童发展潜力巨大,最有可能成为各行业的拔尖创新人才,是国家的战略性稀缺资源。重视超常教育,尤其是超常儿童的早期发现和培养,对着力造就拔尖创新人才,建设教育强国、科技强国、人才强国具有重要意义。世界上很多国家(如美国、韩国、澳大利亚等)有立法保障超常儿童享有适合他们的教育,我国香港和台湾地区也有类似的教育模式。

北京市第八中学(以下简称北京八中)立足于"着眼于未来、着力于素质"的办学思想,基于国家和民族的发展需要、教育应有的担当和学校的实际可能,创办中学超常教育实验班,旨在通过教育改革,积极探索适合超常儿童培养的理论和实践,努力为超常儿童提供合适的基础教育,并与大学衔接,共同探索年轻英才的培养途径。

1985年,经北京市、西城区教育局批准,在中国科学院心理研究所、北京市教育科学研究所的协助下,北京八中创办了中学超常教育实验班(以下简称少儿班),是我国基础教育领域中以智力超常儿童为研究对象、以年轻英才为培养目标的中学超常教育实验的先行者。钱学森先生1995年2月曾在一封信中特别表扬北京八中的超常教育:"北京八中的确办了一件好事,证明教育改革,十八岁成硕士完全是可能的,不是空想。"

2010年,在《国家中长期教育改革和发展规划纲要(2010—2020年)》提出"培养造就数以亿计的高素质劳动者、数以千万计的专门人才和一大批拔尖创新人才"的背景下,北京市教育委员会从培养更多创新人才的国家战略出发，基于北京八中在超常教育中的成功实践，批准北京八中开办智力优秀学生综合素质开发实验班（以下简称素质班）。

国际上对超常儿童的培养通常有两种模式，一是以缩短学制为主要特征的"加速式"，二是以宽领域、厚基础为主要特征的"充实式（丰富式、拓展式等）"。北京八中少儿班为加速式培养模式，素质班为充实式培养模式。2014年，学校集这两种培养模式为一体，成立了北京八中超常教育创新实践中心（以下简称超创中心），形成了比较研究、互相借鉴、不断创新、整体优化的超常教育体系（见图1），是国内唯一一所具有这两种模式的学校。

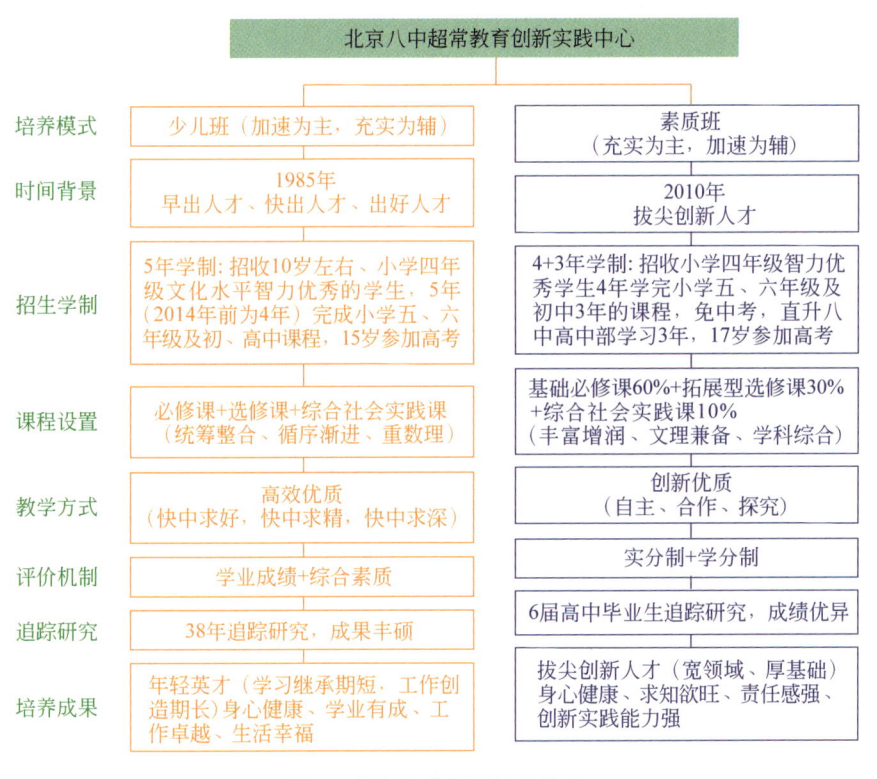

| | 北京八中超常教育创新实践中心 | |
|---|---|---|
| 培养模式 | 少儿班（加速为主，充实为辅） | 素质班（充实为主，加速为辅） |
| 时间背景 | 1985年 早出人才、快出人才、出好人才 | 2010年 拔尖创新人才 |
| 招生学制 | 5年学制：招收10岁左右、小学四年级文化水平智力优秀的学生，5年（2014年前为4年）完成小学五、六年级及初、高中课程，15岁参加高考 | 4+3年学制：招收小学四年级智力优秀学生4年学完小学五、六年级及初中3年的课程，免中考，直升八中高中部学习3年，17岁参加高考 |
| 课程设置 | 必修课+选修课+综合社会实践课 （统筹整合、循序渐进、重数理） | 基础必修课60%+拓展型选修课30%+综合社会实践课10% （丰富增润、文理兼备、学科综合） |
| 教学方式 | 高效优质 （快中求好、快中求精、快中求深） | 创新优质 （自主、合作、探究） |
| 评价机制 | 学业成绩+综合素质 | 实分制+学分制 |
| 追踪研究 | 38年追踪研究，成果丰硕 | 6届高中毕业生追踪研究，成绩优异 |
| 培养成果 | 年轻英才（学习继承期短，工作创造期长）身心健康、学业有成、工作卓越、生活幸福 | 拔尖创新人才（宽领域、厚基础）身心健康、求知欲旺、责任感强、创新实践能力强 |

图1 北京八中超常教育体系

超常教育是基础教育中的一颗明珠，具有重要的引领作用。多年来，北京八中超常教育一直遵循三个基本的科学规律：①社会发展的科学规律——为国家建设和民族复兴培养人才；②教育发展的科学规律——因材施教；③儿童发展的科学规律——满足超常儿童的学习特点和发展需要，重视儿童早期培养的科学性和系统性，始终坚持面向世界、面向未来，与时俱进，探索超常教育与数字化教育、创新教育的融合，开展基于多学科的项目式学习等先进的教育实践。学校通过丰富新颖的课程建设，自主、合作、探究的教学方式，动态、发展、多元的评价机制，在探索拔尖创新人才基础培养的高质量教育体系建设方面，实现了科学的因材施教、务实的素质教育、高水平的教育公平，进行了高品质教育的创新实践和研究。

## 二、教育理念与育人目标

北京八中少儿班和素质班致力于实践与理论两方面的超常教育创新，为实现科学的因材施教、建立促进学生健康成长与可持续发展的机制、实现高水平的素质教育提供可借鉴的经验。

少儿班的教育理念是坚持基础教育的教育方针，以德育为先导、体育为基础、教学为中心，创新精神为重点，为培养具有国际竞争力的拔尖创新人才打好坚实的基础。其育人目标是充分发挥超常儿童的潜能，使其成长为"志向高远、素质全面、基础扎实、特长明显"的具有创新精神的优秀高中毕业生，为高一级学校输送优秀的少年大学生。

素质班的教育理念是根据因材施教的原则，以德育为先、以能力为重、以全面发展为本，为学生营造合适的教育环境，为他们成为具有国际竞争力的未来社会栋梁之材打下坚实的基础。其育人目标是通过全面落实素质教育来培养综合素质较高的学生，为未来的拔尖创新人才打基础，为社会培养高素质的公民，为高一级学校输送高质量的毕业生。

## 三、甄别与选拔

北京八中从一开始就与国内顶尖科研院所合作，进行超常儿童的甄别。以国内外学者对超常儿童的智力因素、非智力因素、创造力等方面的研究成果为依据，遵循中国科学院心理研究所原研究员查子秀提出的"多途径、多方法、综合评价"的方针，我们设计了多种工具、三个环节，运用相互比较、相互印证的甄别方法进行综合评价，尽可能避免招收超前学习和经过专门训练的学生，使鉴别更为科学、准确。

我们持续整合运用中国科学院心理研究所、苏州大学、北京师范大学、清华大学等高校及研究机构的心理学及脑科学研究成果，采用非文化高级认知能力测验，考查学生的先天素质、学习能力和发展潜能（见图2），通过初选、复选和试读三个环节进行综合评价和选拔（见图3），形成了一套科学系统的超常儿童甄别和选拔体系。

图2　考查学生思维品质的三个层面

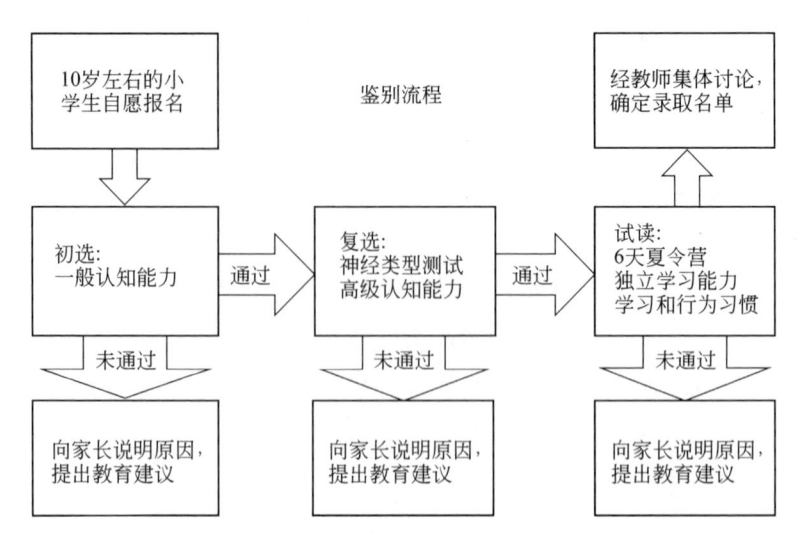

图3　北京八中超常儿童鉴别流程

## 四、课程设置

### （一）少儿班的课程体系

少儿班以国家规定的基础教育阶段课程为依据，以高中课程标准为目标，以"必修课+选修课+综合实践课"为课程体系（见图4），以"基础和发展结合、教学和实践统一、过程和结果并重"为原则。

### （二）素质班的课程体系

素质班构建了"一体三层六面"的课程体系（见图5）。三层是指基础型必修课程、拓展型选修课程和研究型综合实践课程。基础型必修课程旨在奠定学生的基础素质，与北京八中的育人目标"基础扎实"相呼应；拓展型选修课程旨在培养学生的核心素质，对应北京八中的育人目标"特长明显"；研究型综合实践课程旨在培养学生的创新素质，指向八中的育人目标"志向高远"。六面包含两个层面：第一个层面是六门类课程的设置，素质班基础型必修课程、拓展型选修课程均按六门类开设，即语言与文化、数学与计算机、环境与自然科学、人文与社会科学、体育与艺术、

图4 少儿班课程体系

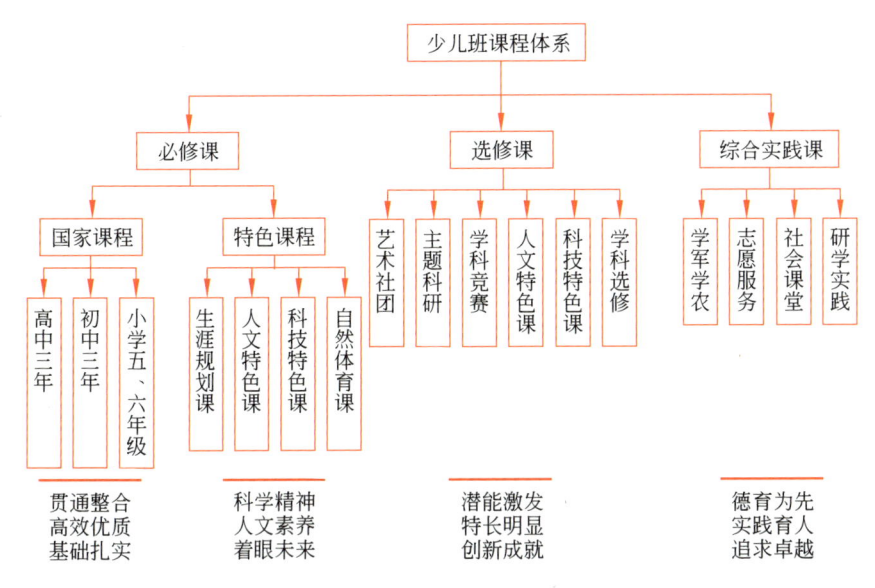

图5 素质班课程体系

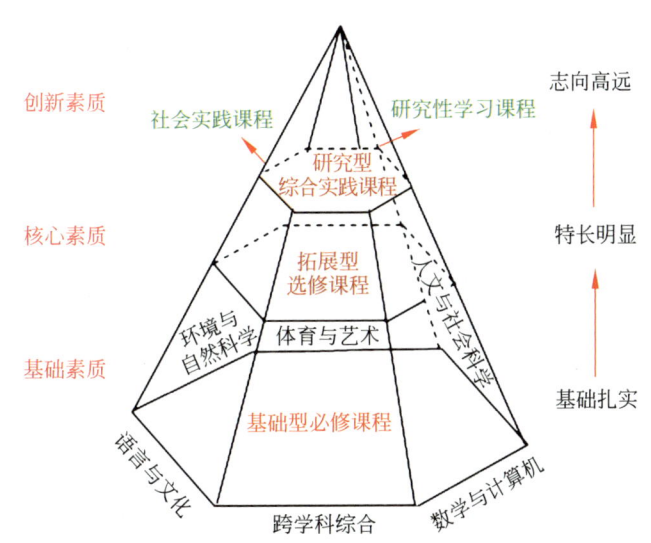

六大核心素养：人文底蕴、科学精神、学会学习、健康生活、责任担当、实践创新

跨学科综合。第二个层面是对学生六大核心素养的培养，即人文底蕴、科学精神、学会学习、健康生活、责任担当、实践创新六个方面。

本真致美 培育英才 | 053

## 五、教育教学

### （一）少儿班的主要做法

**1. 建立两个"三位一体"的教育体系**

（1）"科研、教育、教学"三位一体

坚持教科研与教育教学实际紧密结合、引领发展。以班主任为核心，任课教师组成团队，坚持团队协作及师生之间、学生之间的互助提高，在实践中解决课程整合、日常管理、家校配合等课题，使教科研成为工作常态。

坚持德育为先导，注重思想品德教育和行为习惯的养成，每个班配备双班主任，一个侧重思想品德教育，一个侧重生活和学习管理。

（2）"学校、家庭、社会"三位一体

成立家长委员会，设立家长开放日，每月举行一次家长会，集中解决和反馈有关问题，平时与家长保持有效联络，以达到交流思想、统一认识、团结协作、行动一致的目的。发挥家长在学校教育中的作用，家长的讲座往往更容易引起学生的思考和注意，起到更好的教育效果。充分利用社会资源，定期组织学生开展社会实践，邀请知名人物来讲学、做报告等。

**2. 整合教材，改革教法**

"年龄小、时间短、要求高"这三个特点决定了任课教师必须以高中教学目标为依据，对教材进行统筹整合，注重学科间的统筹协调，研究科学高效的教学方法，精心设计教学过程，激发学生学习兴趣，保护学生旺盛的求知欲。

### （二）素质班的主要做法

**1. 课堂教学方针**

课堂教学采取"高密度、快节奏、大容量"的方针，以培养学生的快速思维和接受能力。教师利用现代教育技术等手段实现教学信息来源多样化并增加课堂教学的信息量，在教学中注重开发学生的智力潜能，通过创设问题情境、设计富有挑战性的问题等方式，激发学生学习兴趣并帮助他们保持持久的学习热情。

**2. 教学实施原则**

采用走班、自学、授课相结合的办法；尊重学生的认知主体地位，帮助学生建构知识体系；教师从研究"如何教"转为研究学生"如何学"，帮助学生"学会学习"；坚持教学手段的多样化，注重课堂教学的实效性。

**3. 学科教学原则**

教学内容体系与国家规定相同，课时有缩减，着力于课堂教学的改革，满足学生发展的需要，重思想方法、情感态度价值观的培养。教师站在教育、学科、课程的高度来考虑自己的教学，有依据、有计划、有创造性地结合本校、本班的具体情况实施教学，实现国家课程的价值甚至使之增值。同时注重学科内的各分支间的纵向联系和应用以及不同学科间知识的横向联系和应用，帮助学生构建结构完整、内容系统的知识体系并提高综合应用能力，为培养复合型、创新型人才打好基础。

# 六、主要成果

在30多年的开拓进取中，北京八中一直坚持从国家和民族发展的需要出发培育英才，在民族复兴的伟大征程中，不断探索科学的因材施教，实施务实的素质教育，追求高水平的教育公平，实现首都教育的高品质创新。

陶西平先生评价："30年来，北京八中超常教育有了不少理论成果也积累了不少实践经验，多年来一直代表我国参与超常儿童教育的国际研究，受到国际超常教育界的重视，是我国基础教育富有实效的重要的研究课题之一。"

2015年，教育部、北京市、西城区的领导和专家在北京八中超常教育30年的研究中,总结出北京八中超常教育的三种精神:科学精神、创新精神和执着精神。北京八中超常教育的科学精神,在于坚持遵循社会发展规律。北京八中贯彻国家"人才战略",把人才作为推进事业发展的关键因素,着力培养一大批拔尖创新人才,大力提升国家核心竞争力。北京八中超常教育的创新精神,主要体现在甄别体系、培养体系和追踪研究体系等方面的探索和创新,形成了一套完整的、科学有效的人才甄别和培养体系。北京八中超常教育的执着精神,体现在38年如一日守正创新,坚持为党育人,为国育才,形成了科学的、丰富的、可供基础教育改革借鉴的宝贵育人经验。

## (一)构建了科学系统的育人体系

### 1. 以丰富的综合社会实践考察为特色的立德树人德育工程——立"志趣"

北京八中超常教育不仅有完备的常规德育体系,还通过多年的探索和尝试,建立了丰富的社会实践等德育课程体系,配备双班主任,采取"教导团队制"和"广泛导师制"。通过持续的丰富和深化,北京八中形成了自己独有的特色和科学系统,使学生在全员全面育人的机制中得到全面发展,使学生在真实有效的社会考察与实践中感知家国、综合历练、丰富素养、涵养志趣、锤炼品格。

### 2. 以独特的自然体育课为特色的健悦身心体育工程——立"乐趣"

自然体育课为北京八中超常教育独创的综合教育课程。每周用半天时间组织学生到大自然中开展丰富的体育活动,如远足、爬山、游泳、跳水、滑冰、划船、骑独轮车、自行车旅行等,内容丰富、形式多样。教师们不仅指导学生进行体育锻炼,还以自然环境为依托、体育活动为载体,使自然体育成为全面提高学生综合素养的课程。学生们在自然体育课中放松了身心,调节了情绪,锻炼了体魄,磨炼了意志,在大自然的怀抱中养成了热爱运动的习惯,达到了"炼身体、炼品德、炼意志"的目的。正如自然体育课创始人杜家良老师所说:"我们不是培养昙花一现的人才,而是要培养经世致用的栋梁之材。"

3. 以整合统筹、充实增润为特色的课程建设工程——立"兴趣"

少儿班课程以统筹整合为主,兼有充实增润。少儿班课程设置注重做"减法"(所有的文化课是普通教育的二分之一,并且减少重复性练习)和"乘法"(强调学科内知识点的整合、学科间的相互整合支撑、知识与实践的整合运用),在国家课程上进行统筹整合,同时增加学生喜爱的选修课,特别是科技特色课与科普类选修课(包括生命科学、天文学、机器人、信息学、无人机、核科学,以及丰富多彩的博物馆课程等),实行广泛的导师制,邀请各领域前沿专家开展普及讲座,培养学生的科学兴趣。

素质班课程以充实增润为主,兼有统筹整合。素质班课程设置注重做"加法"(增加素质班专门的校本课程,并拓宽、拓深国家课程内容)和"乘法"(研究性学习的多方位提升效应;自然体育与学科结合的复合效应;历史、人文、科技、政治与社会实践结合的综合能力放大效应)。

4. 以优质高效、自主探究为特色的教学改革工程——立"情趣"

少儿班教学秉持"优质高效"的原则,精心设计教学过程,通过不同学段相同知识点的统一整合和螺旋上升式的研究性教学,变多个教学循环为一个简明完整的教学循环;用适当"压缩""跨越"和"留白"等方式给学生以恰当的进阶挑战,极大减少了知识碎片化、重复性学习以及应试化训练;鼓励自学和合作性学习,保护学生旺盛的求知欲,激发好奇心和挖掘潜能。

素质班积极探索基于情境、问题导向的互动式、启发式、探究式、体验式等课堂教学方法,注重在合作学习中培养学生的批判性思维和探究能力，增强学习的自主性和生成性；减少考试和单调重复性练习，注重激发和保持学生的好奇心、求知欲、持续学习能力和勇于挑战进取的品格。

### （二）形成了科学严谨的追踪研究体系

在学生入学前，北京八中和中国科学院心理研究所、北京师范大学、苏州大学等高校及研究机构合作，进行科学鉴别的系统研究；在学生入学后，进行综合评价和过程性评价研究，促进学生多元化发展；学生毕业后，我们每年都举办毕业生返校聚会交流活动，通过毕业生调查问卷和访谈等反馈内容，对他们在大学和工作单位的表现进行跟踪研究，一方面关注学生的终身发展，另一方面可以用学生的反馈促进现有的教育教学，不断丰富我们的培养体系。

### （三）收获了丰硕的教科研成果

教师是教育的灵魂。只有教师的水平整体优化，才能使教育的过程整体优化。北京八中超常教育从建立之初就注重教育、教学、科研三位一体，尤其注重教师培训，普及教育心理学知识，提高教师研究能力，邀请美国、德国、法国等多个国家超常教育领域内的专家为教师做超常儿童教育专题讲座，帮助教师参与国内外学术交流，通过撰写论文、进行课题研究、上研究课等方式，促进教师不断学习，改进教学理念，提高教育、教学和科研水平，打造高素质教师队伍，促进整体育人效果。截至目前，超创中心已开展北京市和西城区课题研究十余项，科研成果及教育教学论文获奖百余篇，其中多位老师在各专业杂志中发表学术论文，每年都有多名教师在国际超常教育大会或亚太超常教育大会中进行分享交流。

北京八中在国内外超常教育领域兼具参与度、话语权、影响力和知名度，是中国教育学会拔尖创新人才基础培养专业委员会的发起单位，也是中国人才研究会超常人才专业委员会超常人才教育研究实践基地和副理事单位。北京八中的研究和实践不仅立足本土，扎根中华，同时也一直与世界发达国家的超常教育同步，追求国际化、现代化和多元化。

## （四）取得了良好的育人效果

**1. 少儿班学生情况**

北京八中关注超常教育实验项目的每个学生，对全部毕业学生进行追踪研究。学生的成长和成就主要体现在以下几方面。

（1）学生全面发展，社会适应性良好，在不同领域卓有成就

从经常性的反馈及毕业生的系统追踪调查结果看，少儿班学生在大学学习及工作中基础扎实、能力突出，具有良好的心理品质和社会适应性。

（2）学业成绩优异，竞赛成果突出，成为顶尖创新人才的潜力大

已毕业的19届学生高考成绩均高于我校普通高三毕业班，毕业生全部升入大学，其中前四届有96.8%的学生升入重点大学，从第五届开始，100%升入重点大学，其中考入清华大学、北京大学的共206名，占毕业生总数的35.3%。有部分学生希望进入更理想的大学而在高分情况下选择复读。

（3）身体素质良好，体质优于同龄人，具有顽强的毅力和勇于挑战的精神

少儿班学生入学时，身体机能、素质、生长、发育并不超常（多项低于常态）。毕业时，这些指标均优于本市和全国的均值，身体素质大幅度提高，体质明显增强，身体形态匀称。

**2. 素质班学生情况**

根据毕业生追踪反馈，学生综合素质和学业都非常优秀。素质班学生整体具备以下一些特点。

（1）对学习充满兴趣和热爱，渴求并钻研知识

很多学生在学习化学时发现有些原理需要学习《大学物理》才能弄明白，学生们就开始自学《大学物理》，并经常向物理老

师请教，在学习《大学物理》的过程中发现需要学习一些《大学数学》的知识才能解决推导过程，他们又开始自学《大学数学》等。同学们富有强烈的求知欲和钻研精神，在研究性学习中，会主动找老师开设他们感兴趣的研究课题，在自主学习的基础上请老师指导，掌握了一般的科学研究方法，有些学生的研究成果有一定的学术价值。

（2）文理兼通，综合发展

作为"充实式"培养模式，素质班更注重学生的全面发展，经过几年的学习，同学们表现出很强的学习动力和学习能力。通过必修课、选修课、社会实践和研究性学习，学生对各个领域的知识均有涉猎。在文理分科时，一些理科优势明显的学生因为兴趣而选择文科，很多在文科班学习的学生因为喜欢还在自学物理和化学，而很多理科班的学生还在大量阅读人文、艺术和社会科学类书籍。

（3）学业成绩优秀，发展潜力巨大

素质班学生在国际、国内各项比赛中成绩优异。第一届至第五届素质班的学生毕业后绝大多数考入国内外一流名校，其中包括清华大学、北京大学、康奈尔大学、普林斯顿大学等国际知名大学。纵观素质班学生的综合表现，我们发现他们的发展潜力巨大。

# 七、超常教育面临的挑战与困境

在多年的超常教育探索和实践中，在与国内外超常教育领域的专家和实践者的交流探讨中，我们发现，国内超常教育面临诸多挑战与困境。发展中国超常教育，培育英才，亟须从以下四个主要的方面进行改革创新。

## （一）法律制度亟待健全

目前，我国现行特殊教育体系主要针对的是残疾儿童，针对超常儿童的制度体系有待进一步健全。现行相关政策性文件均不是关于超常儿童教育的专门性文件，仅是对其有所涉及，没有明确国家、社会、学校和家庭对超常儿童教育应负的责任和义务，也没有对超常儿童教育的规划、超常儿童的甄别、教育教学活动、培养计划、师资建设、资金支持等关键问题做详细规定。

### （二）社会认识亟待明确

目前，由于超常教育实验班的学生在培养上享有一定权利，在升学上享有特殊政策照顾，一些家长非理性和功利化地给孩子过早过多的课外培训，抢占获得超常教育的机会，误把超常儿童选拔当成孩子"小升初""初升高"的一条"捷径"。因此，需要培养公众对超常教育的科学和理性认识。

### （三）教育体系亟待确立

我国现阶段的超常儿童培养处于覆盖面小、学校自发实验、在争议中求生存的艰难探索阶段，尚未形成成熟的培养模式，在实践中存在着"有类无教""教非所需""教非其类"等突出问题。

### （四）师资力量亟待发展

对超常儿童的培养，需要专业强大的师资力量做保障。美国、英国等地建立了超常儿童教育教师资格认证制度，从事超常儿童教育的教师需取得专门的资格证书。目前，我国教师教育体系中尚没有超常儿童师资培养训练，不仅专业的师资力量短缺，而且现有的老师在教育教学、课程设置、交流沟通及评价辅导等方面的专业性也存在不足。

## 八、思考与总结

超常儿童在人群中是客观存在的，教育改革的潜力是巨大的，超常儿童的潜力是巨大的。实践证明，北京八中超常教育是科学系统培养优秀人才的重要途径。超常教育在缩短学习时间、减少考试、减少单调重复练习、减轻学生负担、保护学生好奇心和求知欲，促进学生全面发展、多样化成才等多方面取得了大量有效的经验。对于学生志趣、乐趣、情趣、兴趣的培养，是激发创造力、培养拔尖创新人才的重要基础。北京八中超常教育坚持三种精神（科学、创新、执着），遵循三条科学发展规律（社会、教育、儿童），形成了三个体系（甄别、培养和追踪研究），建立了四趣系统工程（志趣、乐趣、兴趣、情趣）。北京八中的超常教育培养模式对基础教育改革，促进学生健康成长、优质成才是值得借鉴和推广的。

北京八中选择年龄在10~15岁的儿童进行超常教育，得到了科学研究的支持。现任中国人才学会超常人才专业委员会会长的清华大学心理学系教授、江苏卫视《最强大脑》节目科学总顾问刘嘉教授认为，相较于一般儿童，超常儿童的神经活动有其特异性，超常智力儿童的大脑皮层增厚阶段起速快，周期长，同时在青少年早期的皮层变薄阶段速率也非常高。无论是国外的成功经验，还是当前的行为学以及神经学上的证据，都表明确实存在超常儿童这一特别群体，普通的统一教育模式不能满足他们的全面发展。中国微分几何学派创始人苏步青认为，数学家创造力的黄金时期一般在25~40岁，包括诺贝尔奖获得者在内的许多科学家的经历也证明了这一点，因此拔尖创新人才的早期培养非常重要。

实践证明，北京八中的超常儿童培养创新实践，是科学的因材施教，是高水平的教育供给，是高质量的教育公平，是高品质的教育创新。北京八中超常儿童教育体系，提供了适合超常儿童的教育，符合人才培养的规律，符合国家人才战略需要，是高质量教育体系的重要组成部分，是科学系统培养青年英才的重要途径，应该得到政府各部门和社会各界的大力支持，以为国家培养更多更好的人才，为中华民族伟大复兴贡献力量！

# 建设良好校园生态
# 深化因材施教

张斌平

**作者简介：**

张斌平，北京景山学校党委书记、北京景山学校通州分校校长、特级教师、正高级教师。教育部高中历史课程标准研制组成员、国家教材委学科专家委员、中国教育学会理事、中国教育学会高中教育专业委员会副理事长、教育部基础教育历史学科教学指导委员会副主任委员、教育部大中小学思政课一体化专家指导组成员、教育部校外培训监管专家委员会委员。

办学理念：全面发展打基础、培养个性育人才

## 一、研究背景

创新人才培养是推进中国式现代化的重要国家战略，是建设高质量教育体系的应有之义，更是建设社会主义现代化强国、实现中华民族伟大复兴的必然要求。党的二十大报告指出，"加快建设教育强国、科技强国、人才强国，坚持为党育人、为国育才，全面提高人才自主培养质量，着力造就拔尖创新人才"。

北京景山学校（以下简称景山学校）是1960年由中共中央宣传部直接创办的进行城市中小学教育教学改革试验的学校。作为国家层面推动教学改革的"试验田"，景山学校一直致力于探索扎根中国大地的教育现代化之路，聚焦"多出人才、快出人才"，追求轻负担、高质量的素质教育之路。诚如童大林先生所说：景山精神的精髓就是"忠诚于党的教育事业，献身教改的革命精神"。顾明远先生说过，景山学校的改革目标很明确，起点很高，在创办之初就瞄准培养高质量的全面发展的人才，就是要培养创新型人才。

建校以来，景山学校始终坚持"大胆创新的教改精神和勇攀高峰的攀峰精神"，践行景山教育理念，坚持素质教育不动摇，坚持改革创新不动摇，坚持培养创新人才不动摇。

## 二、实践路径

### （一）坚持"为培养创新人才而教改"的办学宗旨

景山学校创校伊始就围绕"四个适当"原则开展一系列教改实验，即"适当缩短年限、适当提高程度、适当控制学时、适当增加劳动"。"四个适当"原则体现了当时"多出人才、快出人才"的迫切愿望。

自1983年邓小平为景山学校题词"教育要面向现代化，面向世界，面向未来"以来，学校在教育理论、学制年限、课程设置、教材编写、教学手段、考试制度、课外活动、思想教育、劳动教育、发展个性特长教育、智力超长教育以及管理体制等方面进行了全面综合的整体改革试验。

景山学校把"全面发展打基础、培养个性育人才"作为办学理念，将"培养具有攀峰精神的创新人才"作为学校的育人目标，主张打好共同文化基础，鼓励学生主动、生动、个性地成长、成才，构建适合创新人才成长的沃土，培养出大批"全面发展＋学有特长＋创新精神＋高尚品德"的景山学子。无论是什么时代的景山毕业生说起景山都有一种自豪感。

景山学校在20世纪90年代就提出了学生在素质和能力上应具备的特色，探索全面发展与个性发展相结合的模式。至今，形成了在素质和能力上十个方面的表述，实事求是地反映了景山学校的育人特色，体现了全面发展与个性发展的辩证统一。景山学校的学生，眼界开阔、思维活跃、敢想敢说，具有创造力和想象力。景山学校历届毕业生在综合能力与素质方面的表现，也进一步印证了我们的办学思想与措施有着长远的积极作用。

陶西平先生曾说："在景山学校，我们看到尊重，看到快乐，看到敬业，看到创造，看到和谐，景山学校的教育实验不仅提高了广大群众对学校教育的满意度，也对全国教育事业的改革与发展产生深远的影响。"

## （二）构建基于贯通学制长链条的特色人才培养模式

景山学校一直探索学生全面发展与个性特长发展的辩证统一，促进学生可持续发展的教育之路。1984年起，学校进行了一系列有利于人才成长的教改试验：把跳级正式作为一种教学管理制度，列入学校综合整体改革方案；在高中开办大学少年班的预科班，试行学分制，鼓励有学习余力的学生超前学习等。

景山学校用多年的教育实践探索构建了一体化、长链条的人才培养模式。1984年学校在全国率先进行小学、初中九年一贯、五四分段的整体改革试验，实行小学直升初中无淘汰制度。2000

年，学校开始允许部分品德行为良好、学习成绩优秀、体育成绩达标、学有余力的学生进行初中直升高中的四年制直升班试验。2010年，学校开始组建初高中贯通班，实行初高中五年贯通实验，打通基础教育阶段人才培养的全过程，为优秀学生的成长搭建平台，实现部分学生十二年一贯的基础教育；在政策允许的范围内，进行灵活合理的初高中分段，为学生创设更适宜的发展节奏，形成基础型、个性型、创新型三种通道（见图1）。通过一体化贯通培养减少因备考升学而造成的学习重复、负担过重、时间浪费以及因学段断裂而导致的人才培养不适应等问题。

| 1 | 2 | 3 | 4 | 5 | 6 | 7 | 8 | 9 | 10 | 11 | 12 | 班型 |
|---|---|---|---|---|---|---|---|---|---|---|---|---|
| 小学 | | | | | 初中 | | 高中 | | | | | 创新型通道 贯通班:5+2+5 |
| 小学 | | | | | 初中 | | | 高中 | | | | 个性型通道 直升班:5+3+4 |
| 小学 | | | | | 初中 | | | | 高中 | | | 基础型通道 平行班:5+4+3 |

**图1　北京景山学校多元通道示意图**

## （三）把课程建设作为推进教改培养创新人才的主要载体

景山学校一直与国家基础教育课程改革同频共振，以国家课程的高水平实施奠定每位学生发展的坚实基础。学校通过课程领域和课程层次的比例调适，建立起一体架构、分类实施的课程体系，让不同学习起点的学生都有适切的课程方案，以多样化课程方案配合学生发展节奏，努力为每一位学生提供适宜而充分的发展机会与资源。

**1. 构建学校一体化、多层次课程体系**

学校构建了目标连贯、领域多元、结构立体的课程体系（见图2），横向上划分了语言与文学领域、数学领域、科学领域、人文与社会领域、技术领域、艺术领域、体育与健康领域、综合实践活动领域这八大领域，纵向上区分了"核心基础""综合拓展""卓越精深"三个层级，力图在全面夯实学生基础的前提下，尊重学生选择，实现差异发展。

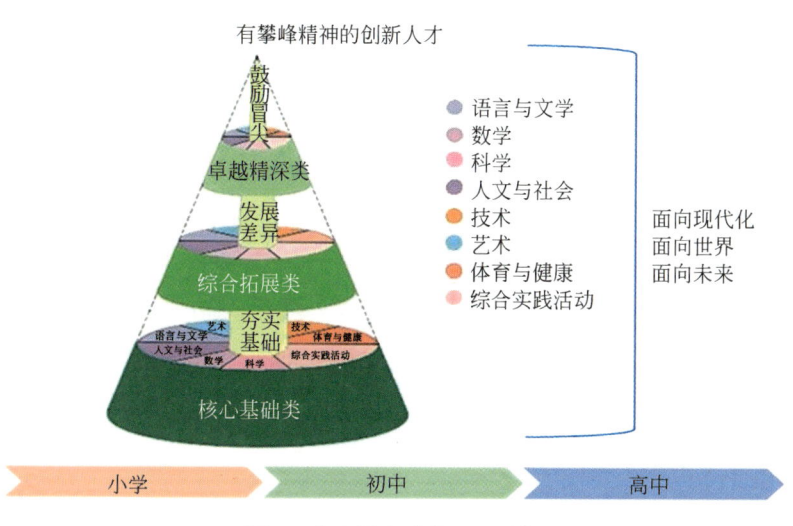

图2 北京景山学校课程结构

### 2. 建设特色课程

在面向全体的课程基础上聚焦贯通班的特色课程建设，贯通班的目的在于培养拔尖创新人才，培养目标为"力争卓越，全面发展"。

贯通班课程设置由国家课程衍生而来，将核心基础类课程、综合拓展类课程与卓越精深类课程（见图3）打通整合，调整课程比例结构，整体提升学生学习的难度与深度。在国家课程基础上加以深度拓展，为学生提供更加前沿、更加精深的课程资源，促进学生的卓越成长。

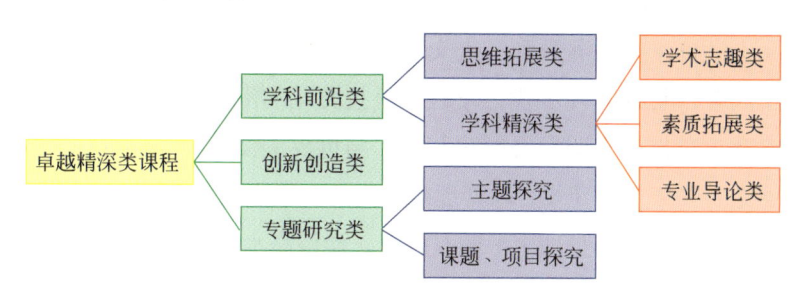

图3 卓越精深类课程

建设良好校园生态 深化因材施教 | 067

### (四)建设"攀峰"课堂,追求让每一节课都精彩

在一代代景山人的积极探索中,在景山文化精神的滋养下,学校形成了独具景山气质的"攀峰"课堂教学特色,助力学生生命成长。同时,学校进一步构建了以"攀峰"课堂教学理念为核心,以优化学生的学习活动为中心,以夯实基础与深度学习相结合为推进路径,以多样综合利用信息化手段为重要技术支撑,以基于大概念的单元整体教学统整知识结构的课堂教学基本原则为支点的课堂教学特色体系。

通过不断的课程改革和教学改进,景山老师们用实际行动为"让每一节课都精彩"而努力,实施常态课优质化、精品化工程,从而"让学生享受每一节课,让每一个学生都得到发展",让课堂成为学生快乐的发源地。

### (五)弘扬教育家精神,建设高水平师资队伍

素质教育归根结底就是由高素质教师进行的教育。60多年以来,从景山学校走出大批具有教育家精神的优秀教师。这些教师都具有高度的专业水平,他们学科知识渊博、教学方法得当。同时,他们具备健全的人格、良好的人际关系、强大的社会实践能力。多年来,景山学校坚持招聘教师只面向应届大学生,精挑细选,从入口处把握教师队伍的高素质。在教师入职后以培养为主,关注教师全面发展,构建分层分类的校本培训体系,保持高水平师资的可持续发展。

**1. 弘扬教育家精神,关注教师的社会性发展**

学校注重培养教师的人文素养和家国情怀,时刻引导教师关注社会、紧跟时代步伐,及时让科技文化前沿进课堂,保持学校教育与科技、文明发展同频共振,与世界潮流发展相向而行。学校党委聚焦人才建设,以管理能力提升为重点实施人才培养计划,突出学科业务和管理水平的双提升,建设高水平、专业化的干部、教师队伍。学校成立学术委员会,负责学校骨干教师评选推荐、

课题研究、学术评价等工作；打造学校市、区、校三级骨干教师梯队；加快推进学校教育人才孵化器建设，支持教师在学校成长为教育名师或教育家。

**2. 打造教科研支撑的教师专业发展体系**

景山学校坚持把教育科研与提高教育教学质量工作有机结合起来，使学校的教改传统在新时代教育高质量发展的实践中发挥更大的作用。学校搭建课程开发与教科研平台，培养出课程教学理念先进、教学水平高、具有一定的课程开发和科研能力的教师群体。

强化教育科研的统筹规划和顶层设计，构建"三级教育科研课题研究和服务体系"。聚焦"十四五"期间学校改革发展的重点，科学设计学校的教改项目，以党组织领导的校长负责制、一体化长链条育人体系构建、特色高中创建等统领学校发展的总课题为龙头，积极组织、引导教师申报国家、市、区各级各类课题。"十四五"以来，成功立项中国教育学会课题4项，市级课题36项，区级课题11项，全校396位教职员工人人参与课题，课题研究涵盖了学校教育改革的各方面，各有侧重，又相互支撑，形成了对学校整体发展具有支撑作用的课题框架，真正使教育科研工作成为学校创新发展的动力引擎。

2023年10月，学校成立景山教育科学研究院，强化教改领航，开展更高质量、更有实效、更具活力的教育科学研究，真正实现科研引领，更新观念，指导实践，解决问题。

**3. 创新教、学、研一体化，促进教师专业素养提升**

学校积极为教研组建设搭建平台，鼓励教师创造性地开展课程教学改革，形成教师和教研组的教学特色。学校的数学、化学、英语三个教研组入选北京市东城区首期引领性名学科基地。

在学科基地基础上，学校聚焦优势学科，探索多学科、跨学科学习与实践，重点打造明理·文史撷英、攀峰·科技创新、致远·国际理解三大课程基地。三大课程基地分别由三位特级、正高级教师担任主持人,由相关学科的骨干教师担任组员。

学校为适应创新人才培养需要,对初高中教师进行统筹安排。第一,选优配齐师资,选择高学历、能力强的教师承担贯通班的课程教学任务;第二,教师贯通,要求教师树立贯通初高中的课程观、教学观,形成系统化的知识体系和开阔的研究视野,通晓初高中课程知识,实现初高中连贯教学,便于更加系统地设计和实施课程教学;第三,教研打通,构建纵向贯通的初高中一体化教研体系,以教研组为单位,打通学段壁垒,进行贯通班课程开发、实施、评价研究,推进贯通班课程建设。

### (六)拓展社会合作,助力创新人才培养

在创新人才培养的背景下,专家的引领显得尤为重要。学校长期与高校开展深度合作,形成上下联动的教研与教师专业发展路径。

景山学校首创了中小学与国家重点高校合作办学的范式。2000 年,学校与清华大学、北京大学、北京航空航天大学、北京师范大学等十所高校以及科研单位建立友好合作关系,开展"走进国家重点实验室"的高层次研究性学习活动,让学生在高校专家指导下进行研究活动。

2015 年,学校与北京大学、清华大学、中国科学院大学等 12 所高校建立战略合作关系。2021 年与北京理工大学建立战略合作,成为北京理工大学的基地校,联合共建徐特立实验班和人工智能重点实验室,着力探索创新人才长链条培养机制。

2023 年,北京协和医学院、北京大学、中国民航飞行员协会在景山学校挂牌建设"医学专门人才大学中学衔接培养基地""化学拔尖创新人才大学中学衔接培养基地""青少年航空科技创新教育(示范)基地"。学校进一步面向未来,深化与高校、科研院所、专业协会合作,把校外资源转化为校内育人资源,为拔尖创新人才早期培养提供支持。

## 三、经验反思

促进每个学生的全面发展是基础教育的本质特点，促进学生的个性特长发展是培育创新人才的关键。长期的实践告诉我们，培养创新人才，既要注重特长培养，也要注重全面发展。

### （一）铸牢校园价值系统，建设创新人才成长的生态环境

在"景山实践"中，学校60年如一日地探寻教育规律的真谛，聆听孩子内心的声音，感悟生命成长的历程。学校提出：学生的"快乐成长高于一切"。爱每一个孩子、善待每一个孩子一直是学校坚持的基本信念。

景山教育的魅力就在于它是明亮的、温暖的、彩色的，是心灵自由、精神舒展的。教育的关键是不妨碍孩子的天性发展，不桎梏孩子的好奇心、想象力。解放孩子，这是爱孩子的起点，更是高质量教育的起点。在景山学校，教师与学生不再为分数排名"斤斤计较"，而是走向生命共同成长的"心心相印"。

在景山学校，学校领导的长期示范和学校文化的历史积淀，使教师之间、师生之间、干部群众之间到处洋溢着尊重和关爱。在这里，爱的教育与孩子们形影不离。在这里，丰富的校园活动让每一位同学都能感受到成功，体验到快乐，更好地成长。

我们认为发展素质教育，培养创新人才，必须深入学生的精神世界，注重引导他们的情绪，自觉培育其情绪价值，促进学生快乐与成长的统一，这是人才培养的基础。尊重孩子的成长需求、培育孩子的情绪价值、关注孩子的精神世界发育是高质量教育的根基。

### （二）努力因材施教，建设创新人才成长的高速路和立交桥

学校遵循因材施教的教育原则，发挥十二年一贯制周期长、

具有连贯性的优势，打通基础教育阶段人才培养的全过程，减轻学生的过重负担、减少学生应试教育的时间，为学生提供"贯通"且"多元"的高质量教育。

学校为挖掘学生的潜能，培养创新后备优秀人才，打通初高中学段壁垒，设立初高中贯通班，实施5年贯通培养，为全面提高学生素质开辟空间，为发展学生个性特长拓宽通道。

贯通班遵循超前性、增量性和自主性的原则进行课程的特色化编排与实施。教学内容与教学进度适度超前，打破初中和高中的学段界限，整体设计五年课程，使之整体贯通、有机衔接，同时整合校内外优势资源，为学生提供更为优质、精深的课程资源。采用"必修+选修+专修+综合实践课程"的课程模式，坚持为学生开辟特色成长路径，提供不同领域、不同层次的学习资源与条件，引导学生依据自身的能力水平与兴趣特点，选择合适的学习专长发展领域。

### （三）实践育人，拓展创新人才成长的眼界和格局

学校力求让每一位学生真正成为教育活动的主体，使他们的生命鲜活起来，回归生活世界，而不再局限于书本世界、知识世界。学生在实践活动中，既动脑又动手，健康成长，全面发展，真正实现"知行合一"。

景山的实践教育具有四个方面的特点：第一，课堂内外相互渗透；第二，各学科之间相互配合，为学生提供各种类型的跨学科学习活动，实现生命的完整成长；第三，学校整体规划，统筹安排，从而切实提高学生的实践能力和综合素质；第四，着眼于学生的完整人生和长远发展，通过阶梯化的实践活动实现学生的可持续发展。小学五年级的毕业典礼让孩子回顾小学，迎接中学；八年级的14岁生日会引领同学们在进入青春之门时懂得感恩与责任，敢于拥有梦想，勇于攀登高峰；高三年级的成人仪式上，学生在教师、家长的见证下走过成人门，并郑重宣誓与祖国同行、

为理想奋斗。孩子们在活动中分享"做景山的学生很幸福，因为在成长的每一个路口都有学校最真诚的关怀和陪伴"。

### （四）梦想—理想—志向，夯实创新人才成长动力基础

基础教育阶段拔尖创新人才培养要面向全体学生，聚焦学生的兴趣爱好、个性特长和发展潜质，为每个学生提供学习和发展的机会，激发学生的发展内驱力，培养学生的科学精神、人文素养、创新能力和批判性思维，培育出具有创造力和问题解决能力的新时代创新型人才。

学校重视学生思维提升和能力培养，培养学生的兴趣、好奇心、质疑精神；鼓励学生在学习和研究中保持积极性、主动性和前瞻性，摆脱思维定式的束缚，敢于求异和批判；培养学生敢想敢干、锲而不舍的精神，促进科学探究精神的深度拓展；引导学生在新课程、新教材的学习中带着问题去思考，积极主动探索新方法、解决新问题；鼓励学生在感兴趣的领域去自由参加科技活动和学科竞赛，开展研究性学习项目，参加社团活动，走进大学实验室开展课题研究，走入社会开展实践调研。

## 四、任重道远

随着教育强国建设的展开，拔尖创新人才的培养再次成为教育热词、社会热词。应该避免专家众说纷纭、一线各执一端、结果各行其是的局面。思前之丰富实践，想后之强国蓝图，培养拔尖创新人才需要深入研究包括但不限于下列问题：

（1）创新人才的概念：泛化（是指在所有领域有创新意识的人）与偏向（指向高分名校生、偏才怪才、科技人才）如何取舍？

（2）培育方向："育才"与"育人"如何并重？

（3）培养策略："全面"与"个性"如何协调？

（4）培养方式："圈养"与"散养"如何并存？

（5）教学内容："超前"与"充实"如何兼顾？

（6）课程学制："长链条"与"纯高中"如何各具优势？

（7）实践资源："课程"与"教师"如何互相借力？

（8）成长评价：依法依规的选拔与自主赋能培养如何统筹？

期待在深入研究、遵循教育规律的基础上形成各具特色的创新人才培养实践，促进高中教育高质量发展，为新时代教育强国建设做出基础教育阶段应有的贡献！

# 践行全面发展理念
# 培育拔尖创新人才

蒋炎富

作者简介：

　　蒋炎富，原北京市第十二中学校长，现北京市丰台区教育科学研究院院长，正高级教师，英语特级教师，教育部外语教学指导专业委员会副主任，国家"万人计划"教学名师，中国教育学会学术委员，"国培计划"专家库专家，主持"教育部'国培计划'名师领航工程蒋炎富工作室"及国家中小学智慧教育平台"蒋炎富名师工作室"。

办学理念：面向全体，适切个性

"千秋基业，人才为先"，人才不仅是中国实现复兴的重要源泉，也是基础教育学校发展的根基。当今世界正经历百年未有之大变局，我国正处于实现中华民族伟大复兴的关键时期，基础教育改革比以往任何时候都更加迫切，对卓越人才和拔尖人才的渴求比以往任何时候都更加强烈。青年兴则国家兴，青年强则国家强。拔尖创新人才直接关系到建设科技强国、人才强国、文化强国的时代使命，推动着中华民族伟大复兴的历史进程。为尽快实现中华民族伟大复兴的使命，基础教育必须协同社会培养出能够担当民族复兴大任的时代新人。然而，经过对国内外基础教育创新人才培养现状的分析和比较，我们发现国内对基础教育以及创新人才培养主要集中于研究内容和研究方法两个方面。从研究内容来说，我国基础教育缺乏对创新人才成长规律及影响因素的研究，很多学校忽视创新成果，缺少系统性和全面性的总结；从研究方法来看，缺少以调查为主的实证研究法、比较基础的理论分析等，同时，缺乏文化差异综合研究比较。

拔尖创新人才培养是贯彻落实科教兴国战略的迫切需要，是强化社会主义人才建设的重要举措。北京市第十二中学（以下简称北京十二中）作为北京市首批普通高中示范校，多年来为北京及区域教育事业的发展作出应有的贡献，为社会各界培养了一大批创新型人才。在继承九十余年传统文化的基础上，逐步形成"求实创新"的文化价值体系，建设成为一所具有"京南特色、首都示范、中国底色、世界风范"的新时代优质学校。为有效落实新时代对基础教育培养创新型人才的需求，学校守正出新，逐步形成以办学理念为指导的创新人才培养核心价值体系，其内容概括为"一核""二层""三环""四维"，不仅对我校创新人才的培养产生深刻的影响，还对我国基础教育创新人才的培养起到一定的推动作用。

在《国家中长期教育改革和发展规划纲要（2010—2020年）》中，对"拔尖创新人才"的培养已有论述。党的二十大报告中明确提出要"坚持为党育人、为国育才,全面提高人才自主培养质量，着力造就拔尖创新人才，聚天下英才而用之"。拔尖创新人才是我国长期发展的战略力量，对建设教育强国、实现科技自立和社会主义现代化均起到重要作用。因此，只有长期稳定地自主培养拔尖创新人才，聚天下英才而用之，才能使我国成为世界主要创新高地和科学中心。

## 一、基础教育拔尖创新人才培养的早期实践探索

对于高等教育来说，早在1978年，中国科技大学就创办了"少年班"，培养拔尖创新人才。1985年，清华大学等12所重点高校相继开设了"少年班"。然而，"少年大学生"的总体发展水平并不尽如人意。随后，各校招生也逐年递减。截至2023年，仅有西安交通大学、中国科学技术大学和东南大学三所高校的"少年班"仍在继续招生。对于中等教育来说，全国各省市中学均开展了对拔尖创新人才的培养。例如：中国人民大学附属中学依托竞赛项目培养学生解决问题的能力，北京第八中学依托"八少八素"实验班，实现对人才早发现早培养的计划。然而，全国基础教育学校对拔尖创新人才的培养在观念上仍各持己见，许多学者也提出不同的思考。2022年，褚宏启教授建议我国全面启动"英才教育"，而赵勇教授则对拔尖人才"早期选拔"和"重点培养"的有效性提出质疑。2023年，高等教育的前沿探索者施一公院士在审视过去创新人才培养的经验中展望未来新的"拔尖创新人才"培养路径。

## 二、基于创新方法的基础教育拔尖创新人才培养的实施路径

北京十二中创新人才培养工作始终坚持对拔尖创新人才的培养不是特殊学校的教育行为，不是针对特殊人群的教育，它是每

所学校对每个孩子的教育。为此，学校在遵循不同学段学生心理和生理发展规律的前提下，运用钱学森系统科学思想和大成智慧教育思想，科学系统地构建出学校创新人才培养体系及措施。学校依据当前实际发展的前提，构建出北京十二中创新人才培养体系的"丰创楼"，具体包括：目标体系、课程体系、管理体系、教学体系和评价体系，坚持以目标为引领，以课程为抓手，以管理为路径，以教学为主线，以评价为导向，形成"以评促建、以评促改、以评促管，评建结合，重在建设"的"三评三促"方针。学校希望能在未来培养出更多具有国际水平的科技人才、科技领军人才和科技创新团队，为实现中华民族伟大复兴的中国梦而奋斗！

## （一）基于创新方法的基础教育拔尖创新人才培养的目标体系

北京十二中在瞄准新时代人才培养目标的前提下，坚持总的设计思路，结合学校实际情况及不同学段学生的心理和生理水平，聘请清华大学、北京大学、中国科学院等院校的专家，吸收家长建议，共同商定并设计适合基础教育创新人才培养的目标体系。在创新人才培养方面，学校始终坚持采取"全员、全过程、全方位、全学科、全要素融合的育人模式"，形成贯通初高中学段，贯穿家庭、学校、社会各方面的协同育人格局，把体育、艺术和文学等方面纳入学校德育与智育的体系，形成以全员发展为目标的创新人才选拔指标，专项提升创新人才的艺术审美体验、体育健身素养及文学欣赏能力。此外，学校以"强基计划"为引领，致力于为国家培养一批优秀的创新型人才。在数学、物理、化学、生物学、信息学学科重点培养学生的"兴趣""情趣""志趣"，从综合素质、学科素质、专业志趣、身体素质等多方面进行培养，加深和加强创新人才培养的常态化、系统性和可持续性。在拔尖创新人才培养过程中，教师引导学生协调已知与未知的关系，寻找已知中的已知，研究已知中的未知，唤醒学生未知中的已知，鼓励学生尝试未知中的未知，为国家发展输送"心中有他人、胸中有家国、眼里有世界、始终有信仰"的新时代创新人才。

### （二）基于创新方法的基础教育拔尖创新人才培养的课程体系

为落实"拔尖创新人才"培养任务，北京十二中将学科课程与高阶思维课程相结合，创生卓越课程，注重对学生创新思维的培养，立足学科课程与高阶思维课程"螺旋融合"的课程体系，引导学生进行问题式学习，整合知识体系，借助"博士开讲""校企合作""双高衔接""大学先修""竞赛课程"等方式，打造"问题式"课堂、"探究式"课堂、"引领式"课堂，培养学科素养，形成关键能力，使学生学会学习，培养创新思维。此外，在学科课程与高阶思维课程体系下，学校还特别注重对创新人才科技与艺术课程的打造，完成创新人才培养"知行合一"的课程体系。实践类课程着重在体育、艺术、劳动技能、研究、综合实践方面对课程进行设计与整合，通过校会、年级、社团、社会实践、体育与艺术活动等方式，借助"金帆"民乐团、"金奥"运动团、"金鹏"科技团、"学长团"、"太空农场"、"萃智"科创中心等，打造"晓月课程""双智课程""醒狮课程""诗经课程""唐诗宋词课程""AI科技课程"等课程，用好"互联网+"，加强对学生创新实践能力的培养。为进一步加强创新人才培养的力度、广度、深度，学校在"知行合一"的课程体系下，构建适合学生能力实际发展的上下有序、内外衔接、面体结合的跨界融合的劳动教育课程体系，将劳动教育贯穿培养创新人才的全过程，推动创新方法与基础教育创新人才培养的五育融合课程走向科学化、深入化、常态化，打造培养创新人才的五育融合全面育人课程体系。

### （三）基于创新方法的基础教育拔尖创新人才培养的管理体系

学校在创新拔尖人才培养中，通过初高中跨学段培养和无边界综合主题项目学习的途径，实现人才个性发展的引流；通过打破学段、学科、教师的壁垒，提升"钱学森班"纵向课程设计深度，拓宽STSE和STEAM教育的广度，实现创新人才的理性思维、高阶思维和人文素养的全面提升；通过特色课程、特立实践、特殊剧场、特别研学、特色汇报"五特"课程群培养学生的质疑精神和科研实践精神；此外，通过校企合作、双高课程培养学生从问题中来到问题中去的以问题驱动引领的创新学习能力。具体举措分为五个方面：①搭建培养平台，优化培养环境；②整合团队资源，营造培养氛围；③丰富活动形式，提升培养效率；④注重培养考核，提升培养质量；⑤创建专人培养方案，深耕创新人才培养目标。健全学校与家庭共育协同机制，是创新人才培养中最关键的一个环节。学校通过多方参与、协商共治的创新人才培养治理新模式，通过家校社共育（如家长学校、家长工作坊、社区公益项目、社区联动机制等），打造创新人才培养协同机制，充分体现以学生为主体的教育理念，激发学生学习热情、倡导在校在家自主学习性+研究性学习模式。此外，我校建设了FSC"家庭、学校和社会共育同心圆"行动体，坚持以立德树人为根本任务，结合学校和学生具体情况对学生进行情感培养。

### （四）基于创新方法的基础教育拔尖创新人才培养的教学体系

学校在"真善美融合"的课程基础上，完善"真善美圆方立体课程"体系，提炼创新方法，整合人文学科课程，生成真善美圆方立体课程与人文学科教育融合发展的创新人才具体实践课程，包括：诗经课程、唐诗宋词课程、学科史课程、学科阅读课程、中国经典课程、现代中国课程等。此外，学校整合自然科学学科课程，生成真善美圆方立体课程与自然科学学科教育融合发展的创新人才具体实践课程，包括AI科技课程、博士开讲课程、强基领军课程、航空航天类课程、星地一体化课程等。在世界百年未有之大变局及共圆中华民族伟大复兴的中国梦背景下，学校打破单一学科壁垒，积极探索基础教育跨学科创新人才培养的教学体系，开发出多元化、多样化的综合知识课程，进而促进学科交叉融合，创建新的跨学科人才培养模式，为适应未来社会的需求和国家的需要培养创新复合型人才。具体包括：①以各科课程标准为基础，结合学科核心素养，制定全面发展的教学目标；②基于创造方法及批判性思维，对跨学科知识的相互作用关系进行整合，构建跨学科知识集合；③结合时代背景，明晰学科知识的链接内容，构建跨学科知识框架体系；④采用"由低到高""循环往复""螺旋式上升"的方式，培养学生高阶思维能力。

### （五）基于创新方法的基础教育拔尖创新人才培养的评价体系

学校在进行创新人才培养的过程中，吸收前人经验及教训，在培养学生德才兼备的基础上，注重对他们领导力素养的培养；教育的目标坚持围绕学生解决问题的能力，而非解题能力；继续拓展营造支持创新的学校文化。学校采用科学性、动态性、可行性和精确性的评价原则，从基础素质、知识技能和创新成效三个方面对创新人才进行评价，共有八大指标，分别为思想品德、认知水平、创新思维、知识结构、多种技能、新思维、新理念和新方法。每个指标中有具体的评价标准，建构起创新人才培养评价体系。

## 三、基于创新方法的基础教育拔尖创新人才培养的展望

学校今后在拔尖创新人才培养中，应紧跟国家政策及方针，坚持国家需要什么样的创新型人才，学校就培养什么样的创新型人才。努力协同各校区资源，提倡创新人才培养从娃娃抓起，树立创新志向，大力发展从科普到科研，再到科学的理念，努力打

造小、初、高贯通培养模式，根据新时代特点积极迅速调整培养策略，开展多元课程建设模式探索，构建跨学科甚至是超学科培养机制，打通多主体协同育人，打造能够引领未来创新人才培养的队伍。此外，学校对幼小中学段，以"集团化办学"为契机，深耕幼儿园、小学、初中、高中联合大教研，打通相邻学段小教研，实现横向跨界、纵向贯通的育人模式；对高等教育学段，以"强基计划"为抓手，探索高中与大学衔接的贯通课程体系，变革教学方法，优化拔尖创新人才培养方案一体化设计，拓宽双高衔接资源的共商、共享、共建，促进拔尖创新人才培养的持续性。

## 四、总结

培养拔尖创新人才是提升国家整体创新水平的关键要素，是各个国家面临的重要教育课题，直接关系到建设科技强国、人才强国、文化强国的时代使命。培养拔尖创新人才不仅仅是学校的工作，更是全社会携手共商、共建、共育的重要工作。在未来，一个国家不可能只培养几个拔尖创新人才，而是需要大量的拔尖创新人才，只有这样，科技才能进步，社会才能发展，国家才能强盛。

【参考文献】

[1] 郭哲，王孙禺. "强基计划"背景下拔尖创新人才培养的时代内涵与建构路径 [J]. 中国高等教育，2020(20): 53-55.

[2] 贺祖斌，蓝磊斌. 拔尖创新人才培养的政策、困境与对策——以交叉学科为视角 [J]. 社会科学家，2023(11): 138-143.

[3] 谭志雄，王佳怡，穆思颖. 拔尖创新人才培养的现实困境与路径优化——以"强基计划"为例 [J]. 高等建筑教育，2024, 33(1): 17-26.

[4] 赵勇. 国际拔尖创新人才培养的新理念与新趋势 [J]. 华东师范大学学报（教育科学版），2023, 41(5): 1-15.

# 科技筑基 创新赋能

## ——稻香湖学校创新人才培养实践

辛 颖

**作者简介：**

辛颖，北京市海淀区稻香湖学校执行校长兼书记。先后就读于华东师范大学数学系、北京大学数学系和日本东京学艺大学教育学部。中学高级教师，在清华大学附属中学任教近30年。2017年，受清华附中委派前往广东省东莞市松山湖创建清澜山学校，2021年回京任稻香湖学校校长。2018年，参与课题"基于大数据的学生综合素质生成性评价实践创新"研究，获北京市基础教育教学成果特等奖和国家级教学成果二等奖。

办学理念：培养美好未来的创造者

# 一、研究背景

## （一）国家政策方针与教育现状

在新时代背景下，国家对于教育、科技与人才的重视达到了前所未有的高度。党的二十大报告不仅重申了"坚持教育优先发展"，更明确提出了"科技自立自强、人才引领驱动"的发展理念，为建设教育强国、科技强国、人才强国指明了方向。这一宏伟蓝图不仅强调了教育的基础性、先导性作用，更明确了科技创新在国家发展中的核心地位，以及把人才作为推动社会进步的关键力量。

随着数字时代的全面到来，社会对人才的需求呈现出新的特点。专业知识扎实、具备创新思维、能够跨界融合、持续学习已成为新时代人才的必备素质。然而，审视当前的教育模式，我们发现它在很大程度上仍停留在知识传授和应试技能的培养上，难以满足社会对创新型人才的渴求。这种矛盾的存在，迫切要求我们对教育模式进行创新，以培养适应时代发展的新型人才。

北京市海淀区稻香湖学校（以下简称稻香湖学校）作为一所具有前瞻视野和国际化办学理念的学校，深刻认识到这一时代变革对教育的深远影响。学校积极响应国家号召，立足自身办学实际，将培养具有创新精神和实践能力的科技人才作为核心使命。通过不断探索和实践，力求在科技与创新人才培养领域走出一条符合时代要求、具有稻香湖特色的道路。

## （二）学校概况与创新人才培养的迫切性

稻香湖学校坐落于科技氛围浓厚的海淀区，这里不仅是我国科技创新的高地，也是国际学术交流与合作的重要平台。学校自成立以来，始终秉持国际化、特色化、精品化的理念，致力于培养具有全球视野、创新精神和实践能力的未来领袖。

面对新时代对人才素质的新要求，稻香湖学校科技中心勇于担当、主动作为，将创新人才培养作为中心工作来抓。学校通过深入研究国内外先进教育理念和成功经验，结合自身特色和优势资源，逐步构建起一套多层次、多领域的科技创新课程体系。这一课程体系不仅涵盖了计算机科学、人工智能、机器人技术等多个前沿领域，还注重跨学科融合和综合性实践项目的开发与实施。

此外，学校还积极打造高水平的师资队伍和完善的硬件设施体系，为科技与创新人才培养提供坚实保障。教师团队由一批具有国际视野、丰富教学经验和深厚学术底蕴的教师组成。硬件设施方面，学校配备了先进的博物馆、实验室、工作坊和STEAM教学空间等资源平台，为学生提供了充足的实践机会和广阔的发展空间。

正是基于这样的办学理念和实际行动，稻香湖学校在科技与创新人才培养方面取得了显著成效。然而，面对日益激烈的国际竞争和快速变化的社会需求，学校仍需不断探索和创新人才培养模式和方法路径，通过持续优化课程体系、提升教学质量、强化师资队伍建设和加强国际合作与交流等措施，努力培养出更多具有创新精神和实践能力的科技领军人才，为国家的科技进步和社会发展贡献力量。

## 二、理论基础

稻香湖学校在构建科技与创新教育体系时，融合了多维度的教育理论，旨在培养学生的科技素养和创新能力。教育体系的构建基于以下几个核心理论。

### （一）ISTE 标准的深度借鉴与信息技术核心素养的融合

国际教育技术协会（ISTE）发布的科技类学科课程执行标准为我们提供了宝贵的参考框架，特别是其在技术应用、创新实践、批判性思维以及信息伦理等方面的要求,与我们所追求的信息技术核心素养高度契合。我们将 ISTE 标准与信息技术核心素养相结合,强调学生在掌握技术工具的同时,必须具备良好的信息意识、计算思维、数字化学习与创新能力以及信息社会责任。在课程设计中,我们不仅关注学生的技术能力发展,更注重在信息安全、隐私保护、版权意识等方面对其进行教育和引导,确保他们在数字时代能够健康、负责任地使用前沿技术。

### (二)布鲁姆教学目标分类法的巧妙应用与核心素养的提升

布鲁姆的教学目标分类法为我们提供了明确的学习层次划分,从记忆、理解到应用、分析、评价和创造,层层递进。我们将这一分类法融入科技与创新素养的培养中,为不同年级和水平的学生设计了差异化的教学目标和学习路径。通过分层次的教学活动,我们不仅帮助学生逐步掌握前沿技术的基础知识和技能,还引导他们运用计算思维解决实际问题,参与数字化创新项目,从而在实践中不断提升科技与创新素养。

### (三)设计思维与 STEAM 教育的深度融合促进核心素养的综合发展

设计思维作为一种创新方法论,强调以用户为中心的问题解决过程,注重跨学科的融合与创新实践。在稻香湖学校的科技课程体系中,我们将设计思维与 STEAM 教育紧密结合,通过项目式学习的方式,鼓励学生将科学、技术、工程、艺术和数学等多方面的知识综合应用于前沿技术领域的问题解决中。这种跨学科的融合不仅培养了学生的创新思维和团队协作能力,还促进了他们科技与创新素养的全面发展。在项目实施过程中,学生需要不断运用前沿技术工具进行数据分析、模型构建和创意表达,从而在实践中深化对科技与创新素养的理解和掌握。

## （四）理论与实践的紧密结合强化核心素养的实战应用

我们始终坚持理论与实践的紧密结合，通过丰富的实践活动和竞赛项目，为学生提供将所学知识应用于实际操作的机会。例如，"未来之城"竞赛项目就是一个典型的跨学科综合实践项目，学生在项目过程中需要综合运用信息技术、城市规划、建筑设计等多方面的知识来构建一个理想的未来城市模型。这样的实践经历不仅锻炼了学生的综合能力，还让他们深刻体会到前沿技术在解决实际问题中的巨大潜力，从而进一步激发他们的学习兴趣和探索欲望。同时，通过参与各类编程竞赛、创新大赛等活动，学生能够在实战环境下锻炼自己的应变能力和创新思维，为未来的职业发展奠定坚实的基础。

稻香湖学校的科技与创新教育理论基础是一个集 ISTE 标准、布鲁姆教学目标分类法、设计思维、STEAM 教育理念与信息技术核心素养于一体的综合体系。我们致力于通过这一体系培养学生的科技与创新素养，使他们成为具备创新精神和实践能力的未来科技领军人才。在未来的教育实践中，我们将继续深化对这一理论基础的探索和应用，为学生的全面发展贡献更多的智慧和力量。

## 三、实践路径

创新人才培养离不开创新教育课程体系的构建、先进教学方法的应用、创新教育环境的建设、学校与社会的合作、高水平创新教育教师团队的筹建和培养，以及学术交流与竞赛。下面以稻香湖学校 2021 年开设的科技创新人才培养项目（以下简称科创项目）为例，探讨在日常课程基础上，如何结合学校特色和学生需求，设计多样化的创新教育课程内容，支持对科学研究感兴趣的高中学生。

## （一）课程体系的构建

### 1. 多样化的高研课程

科创项目初期共开设六门高研课程，涵盖有机与分析化学、生物技术、海洋生物、物理与天文、地球与环境科学、人工智能六个研究领域。这些课程旨在帮助学生从高中向大学过渡，提高知识水平和实验操作能力。例如，有机与分析化学课程教授柱层析、薄层色谱等分离纯化方法，小分子药物的合成与分析方法；人工智能课程则覆盖微积分、统计与概率、线性代数、Python编程等知识。

### 2. 实验室轮转制度

科创项目的一大特色是实验室轮转制度。学生在项目的第一年无须立即确定专业方向，而是选择两个感兴趣的实验室进行学习和实践。这种制度有助于学生了解不同研究领域，找到最适合自己的专业领域和研究方向。同时，实验室轮转也激发了学生跨学科的创新思维，使他们能够结合不同领域的研究经历，寻找交叉学科的创新灵感，应用于后续的研究项目中。

### 3. 新增课程

随着学生人数的增加和需求的多样化，科创项目不断扩展课程设置。在即将到来的新学年，我们将增设实验物理与工程原理、生物艺术、古生物学等高研课程，通过项目式学习激发学生的创新思维。

### 4. 自主创新实践

科创项目的课程体系不仅提供课程支持，还强调学生的自主创新实践。每位学生都有专属的科研导师进行1对1的项目支持，培养周期为3~4年。学生基于日常观察发现问题，进行深入调查和研究。例如，我们有一位学生注意到学校教室的大窗户虽然提供了良好的视野和采光，但在夏天阳面教室会变得非常炎热。她想找到一种可以替代玻璃的建筑材料，既能隔热又能透光，于是在物理高研实验室进行透光混凝土的制作工艺和结构性能的研究。另一位学生对交互艺术专业充满热情，在学习人工智能高研实验室的课程后，她搭建了个人网站，并专注于眼动识别和面部表情识别的研究。科创项目还鼓励学生创办社团和开展学生讲座，进行科普教育和学术研讨，培养学生的领导力。

## （二）先进教学方法的应用

为了实现教学目标并提升教学效果，我们积极引进并应用了一系列先进的教学方法。这些方法不仅有助于激发学生的学习兴趣和主动性，还有助于培养他们的自主学习能力和批判性思维。

### 1. 项目式学习（PBL）

项目式学习是我们教学方法中的核心组成部分。它让学生通过参与真实世界的问题解决过程，在实践中学习和应用知识，同时锻炼创新思维和问题解决能力。在 PBL 教学过程中，我们根据学生的年龄特点和认知水平，设计多样化的项目任务，并通过团队合作和自主探究的方式引导他们完成任务。例如，在"VEX 机器人挑战赛"项目中，学生需要组成团队，共同设计、构建 VEX 机器人并编程，以完成一系列复杂的任务挑战。在这个过程中，学生不仅要深入理解机器人的工作原理、机械结构和编程逻辑，还要在限定时间内制定出有效的策略来应对比赛中的各种障碍和对手。他们需要综合运用物理、数学、计算机编程等多个学科的知识，不断调试和优化机器人性能，以确保在比赛中取得优异成绩。通过参与"VEX 机器人挑战赛"这样的项目式学习活动，学生不仅能够显著提升自己的科技素养、动手能力和团队协作能力，还能在紧张刺激的竞赛环境中培养坚韧不拔的意志力和勇于探索的创新精神。这样的教学模式极大地丰富了学生的学习体验，促进了他们的全面发展。

### 2. 翻转课堂（FBL）

翻转课堂是一种颠覆传统课堂教学模式的新型教学方法。它通过课前自主学习、课堂讨论与互动以及课后巩固与拓展等环节实现知识的内化与吸收。在 FBL 教学过程中，我们会提前录制好教学视频或提供相关学习资料供学生在课前自主学习使用，并在课堂上组织学生进行讨论和交流，分享自己的学习成果与困惑。通过翻转课堂的教学模式，学生可以更加灵活地安排自己的学习时间和节奏，并在课堂上得到更加充分的讨论和指导的机会。这种教学模式不仅有助于提升学生的学习效率和自主学习能力，还有助于培养他们的批判性思维和沟通表达能力。

### 3. 混合学习（Blended Learning）

混合学习作为我们教学方法的重要组成部分，将线上学习与线下教学有机融合，为学生提供更为灵活和个性化的学习体验。通过在线平台，学生可以随时随地访问丰富的教学资源，进行自主学习和在线互动。而线下课堂则侧重于知识的深化理解、实践操作的指导以及团队合作的培养。混合学习模式不仅丰富了教学手段，还提高了教学效率。在线上，学生可以通过观看教学视频、参与在线讨论和完成作业来巩固基础知识。在线下，教师可以通过面对面指导、实验操作和项目实践等方式，帮助学生深化理解知识，并将理论知识转化为实际技能。这种线上线下相结合的教学方式，有助于激发学生的学习兴趣，培养他们的自主学习能力和批判性思维，同时也为他们提供了更加多元化的学习路径和更加灵活的学习时间安排。

## （三）创新教育环境的建设

每个专业领域的高研课程都配备了相应的特色实验室。例如，有机与应用化学实验室配备了液相色谱仪、气相色谱仪、红外光谱仪、紫外光谱仪等设备，并与安捷伦公司合作建立了中学示范实验基地。生物技术实验室配有超净工作台、酶标仪、基因扩增仪等设备，支持基因重组、转化与表达研究。其他实验室如物理与天文实验室、海洋生物实验室和人工智能实验室，也配备了相应的专业设备，为学生提供大学级别的实验平台和研究条件。

## （四）学校与社会的合作

**1. 课题合作与资源配置**

学校积极与国内外顶尖大学和科研机构合作，为学生提供丰富的科研资源。例如，学生可以在清华大学生物课题组进行冠状病毒蛋白的分离与纯化研究，或在北京大学探究碳纳米管和石墨烯的制备方法。通过这些合作项目，学生不仅能接触前沿研究，还能积累宝贵的科研经验。

**2. 校外科研实践**

科创项目还鼓励学生参加校外科研实践。在顶尖大学教授的指导下，学生可以学习计算机科学、数据科学、物理、化学、生物学等领域的大学课程，并在暑期进行实地科研。例如，学生可以研究机器学习与深度学习的应用，或在阿尔茨海默病的分子生物学研究中探索新的治疗方法。

## （五）高水平教师团队的建设

科创项目的导师团队具有深厚的科研背景，导师们大多拥有国内外名校的博士或硕士学位，并具备丰富的科研经验。他们为学生提供积极的指导和支持，确保学生在科研过程中得到全面帮助。例如，在导师的带领下，参与地球与环境科学实验室的华北豹研究项目的学生不仅学习文献检索和分析，还深入华北豹的栖息地进行实地观察，大大增强了学生的研究兴趣和理解。

## （六）学术交流与竞赛成果

科创项目的学生积极参与国内外学术交流与竞赛，取得了显著成果。例如，学生在英特尔国际科学与工程大奖赛（Intel ISEF）上获奖，其研究成果被 *Cancer Letters* 接收；在国际基因工程大赛（iGEM）中获得团体全球金奖及学术领袖奖；在院士论坛和全球青年研究创新论坛（CTB）等竞赛中屡获佳绩。通过这些活动，学生不仅积累了丰富的知识和经验，还培养了创新思维和科研能力。

## 四、对未来的展望

### （一）深化课程体系改革

学校将继续深化课程体系改革，优化课程结构和内容设置。一方面，加强与高校和科研机构的合作与交流，引进更多前沿科技课程；另一方面，根据学生需求和市场变化及时调整课程方向和内容更新速度。同时，学校还将加强跨学科融合力度，促进不同学科之间的知识渗透和整合。

### （二）提升教师专业素养

教师是学校创新人才培养的关键力量。学校将继续加强教师队伍建设，提升教师的专业素养和教学能力。我们会定期组织教师参加国内外培训和交流活动，还会鼓励教师参与科研项目和教学改革实践，提高他们的科研能力和创新能力。同时，学校还将建立健全的激励机制和评价体系，激发教师的工作积极性和创造力。

### （三）拓宽国际视野与交流合作的渠道

随着全球化的不断深入和发展，国际视野和交流合作对于创新人才培养具有越来越重要的意义。学校将继续拓宽国际视野和交流合作的渠道，加强与国外知名学校和教育机构的联系与合作。通过组织师生互访、学术研讨、联合办学等形式推动国际合作与交流深入发展，同时积极引导学生参与国际性的科技竞赛和项目，提升他们的国际竞争力和跨文化交流能力。

### （四）强化对学生创新能力与实践能力的培养

在未来的发展中，学校将进一步强化对学生创新能力与实践能力的培养。通过提供更多元化的创新实践平台，鼓励学生积极参与科技创新活动，培养他们的创新思维和解决问题的能力。同时，学校还将加大对学生创新项目的支持力度，提供必要的资金、技术和资源保障，确保学生的创新成果得以顺利实现和展示。

## 五、结语

稻香湖学校以科技创新人才培养项目为例，展现了在创新教育领域的积极探索和显著成果。该项目通过构建多样化的课程体系、采用先进的教学方法、打造创新教育环境、加强校社合作、建设高水平教师团队，为学生提供了探索科学、培养创新思维和实践能力的平台。学生积极参与国内外学术交流与竞赛，并取得了丰硕的成果。科创项目所取得的显著成效，体现了稻香湖学校在创新教育方面的理念和实践，也为未来发展指明了方向。学校将继续秉承"以学生为中心，以创新为驱动"的教育理念，不断完善科技教育体系，提升教学质量，拓宽国际视野，加强交流合作，为培养更多具备创新精神和实践能力的优秀人才贡献力量。

## 【参考文献】

[1] 黄志芳，周瑞婕，赵呈领，等 . 面向深度学习的混合式学习模式设计及实证研究 [J]. 中国电化教育，2019(11)：120-128.

[2] 万恒，高辛宇 . 项目化学习中的教师：角色认知与胜任力要素 [J]. 教师教育研究，2023，35(2)：63-68+91.

[3] 王佑镁，郭静，宛平，等 . 设计思维：促进 STEM 教育与创客教育的深度融合 [J]. 电化教育研究，2019，40(3)：34-41.

[4] 吴树芳，朱杰，王梓懿 . 浅析布鲁姆教育目标分类体系 [J]. 教育现代化，2018，5(46)：22-23.

[5] 钟晓流，宋述强，焦丽珍 . 信息化环境中基于翻转课堂理念的教学设计研究 [J]. 开放教育研究，2013，19(1)：58-64.

# 面向未来的拔尖创新人才早期培养实践探索

李潇珂

**作者简介：**

李潇珂，特级教师，博士研究生。重庆市巴蜀中学校党委副书记、校长，重庆市第六届政协委员，重庆市第六届青年联合会副主席，重庆市人民政府参事室特约研究员，重庆市基础教育教学资源评审专家，全国五一劳动奖章获得者。曾获重庆市政府教学成果奖特等奖、全国高考英语研讨会优秀课展评一等奖、重庆市新时代好校长等荣誉。

办学理念：教育以人为本，校长以教师为本，教师以学生为本

拔尖创新人才是推动科技创新、引领产业革新的核心要素。近年来，重庆市巴蜀中学校（以下简称巴蜀中学）始终坚持"为党育人、为国育才"，与时代同频共振，与国家同心同向，肩负为民族复兴培育英才的使命，着眼于培养面向未来的拔尖创新人才，努力探索拔尖创新人才早期培养的多重路径，努力为造就一大批在科学、人文、艺术等领域知名的拔尖创新人才奠定坚实基础。

# 一、缘起：拔尖创新人才早期培养的时代背景

## （一）应对国际竞争的客观要求

当今世界面临着百年未有之大变局，科技和人才竞争日趋激烈，因此，各国均把拔尖创新人才培养置于发展国家核心竞争力的重要位置。近年来，发达国家普遍重视英才教育，从立法、经费、人力等多个层面为英才教育提供了保障。美国、英国、新加坡等国家均进行了长期的理论研究与实践探索，他们尤其关注基础教育阶段对拔尖创新人才的早期培养，以及从基础教育到高等教育的贯通培养，形成了一整套相对完备的体系。相对而言，我国拔尖创新人才培养的体系建构还不完善，以往更多集中在高等教育阶段，对于拔尖创新人才的早期培养尚显不足，这不利于我国参与国际人才竞争。

## （二）建设教育强国的题中之义

近年来，我国经济社会发展取得了巨大的进步，但在科技创新、产业升级等方面仍然面临着许多亟待解决的问题。拔尖创新人才在新知识的创造、新领域的开拓和新技术的发明等方面发挥着重要作用，他们将成为引领科技创新与产业发展方向的关键力量。党的二十大报告首次将教育、科技、人才作了"三位一体"规划部署，并提出了"全面提高人才自主培养质量，着力造就拔尖创新人才"，把拔尖创新人才培养作为教育强国建设的重中之

重。在中共中央政治局第三次集体学习时，习近平总书记再次强调实施拔尖创新人才培养计划，将拔尖创新人才培养提升到新的战略高度。建设教育强国，基点在基础教育，基础教育阶段能够识别、选拔、培养具有创新潜质的孩子，对拔尖创新人才脱颖而出和顺利成长具有奠基性作用，因此加强拔尖创新人才的早期培养势在必行、意义重大。

（三）破解实践难题的必然选择

近年来，拔尖创新人才的选拔与培养已逐渐向基础教育阶段延伸。但长期以来，传统的课堂教学一直存在以单向的知识传授为主、学习场景过于单一、互动交流流于形式、动手实践严重不足等问题，难以真正挖掘学生的创新潜质，从而达到拔尖创新人才培养过程中关于提升创新素养的要求。同时，传统的培养体系已很难满足时代发展的要求，拔尖创新人才培养覆盖面小，同龄学生受益面窄，大中小贯通培养机制还要进一步加强和落实。这些实践过程中出现的难题，使得我们迫切需要进一步明确拔尖创新人才培养的方向和目标，探索拔尖创新人才贯通培养的实施路径，构建高质量的拔尖创新人才培养体系。

## 二、导向：拔尖创新人才早期培养的价值追求

一个社会具有怎样的人才观、成才观、教育观，不仅影响着个体的成长，也关乎着国家与民族的未来。在中共中央政治局第五次集体学习时，习近平总书记强调："要在全社会树立科学的人才观、成才观、教育观，加快扭转教育功利化倾向，形成健康的教育环境和生态。"新时代的教育应该更加注重以德为先、全面发展，注重面向人人、终身学习，注重因材施教、知行合一，让孩子的未来有更多可能、教育的发展有更大空间。

新时期拔尖创新人才的培养，首先要回答的理应是"培养

什么样的人"这一根本问题。近年来,国家为进一步推进拔尖创新人才自主培养,相继组织实施了"基础学科拔尖学生培养试验计划""中学生英才计划""强基计划"等人才培养计划,这些计划的共同点在于,它们不仅强调学生的学科特长和创新能力,还特别关注学生的兴趣与志向、品格与潜质等,归根结底指向的是学生发展的核心素养。长期以来,对于拔尖创新人才的定位,我们或许更关注"拔尖""创新"的字面之义,而忽视了这一复合概念所指向的深层次内涵。"拔尖"并不意味着创新人才是"拔"出来的,人才的培养应该遵循客观的教育规律,培植良好的教育土壤,让学生的全面发展"自然而然"地发生。对于基础教育阶段而言,所谓的"早期培养"就是要为拔尖创新人才的成长夯实基础、注入动力。

多年来,巴蜀中学始终坚持"挖掘潜能、张扬个性"的办学特色,以未来人才观推进拔尖创新人才早期培养的实践探索,形成了面向全体学生、以学生终身发展为核心的价值追求。教育是为未来生活做准备,让每一个学子的人生因教育而幸福,一直是巴蜀人的教育共识。基于此,巴蜀中学描绘了"具备终身学习的能力、多元思维的能力、顽强抗挫折的能力以及幸福生活的能力"的未来人才画像,并针对拔尖创新人才特质及成才规律,从品格、思维、能力、身心等多个维度明确了面向未来的拔尖创新人才培养目标:一是品格塑造,即塑造学生独立的人格、坚定的理想信念、深厚的爱国情怀、强烈的社会责任感,让学生立志为民族复兴建功立业;二是思维提升,即培养学生的兴趣、求知欲、质疑精神,不拘陈见、敢于求异和批判的思维,以及惟真求是、敢想敢干、锲而不舍的精神;三是能力培养,即培养学生拓宽新视野、研究新问题、突破思维定式、摈弃陈规陈说、勇于自我变革的创新能力;四是身心强健,即重视心理健康教育与健康体魄训练,增强学生的健康意识,塑造学生健康的身体素质和心理品质,为未来生活和工作做好充分准备。

## 三、路径：拔尖创新人才早期培养的巴蜀探索

### （一）坚持系统协同，探索全方位的培养路径

巴蜀中学坚持以矩阵思维赋能学校高质量发展，促进学校内部、外部各类育人要素深度融合、系统推进、协同发力，从生涯规划、课程涵养、组织创新、文化浸润、协同育人、评价导向等多重路径，构建具有巴蜀特色的拔尖创新人才早期培养体系。

一是完善生涯规划，激发内生动力。巴蜀中学不断探索完善学生生涯规划指导机制，成立学生发展指导中心，研发生涯规划相关课程，并通过开展一系列生涯规划讲座、进行一次学科测评活动、制作一份生涯规划书，建立"认识自己—认识社会—设定目标—制定规划—行动执行"的生涯规划逻辑模型，增强了生涯规划指导的真实性、持续性和系统性，能够有效激发学生自我发展、自我赋能的强大动力。

二是提升课程涵养，构建核心要素。巴蜀中学坚持以高品质课程建设为重点，将国家课程、地方课程、校本课程进行整体构建，创生了基于学生终身发展、开放多元、自主选择的"潜能·个性"课程体系（涵盖知行课程、学养课程和挑战课程），充分发挥高品质课程资源在实现全面发展和个性化成长中的育人价值。一方面，以知行课程和学养课程为着力点，以其基础性、知识性，引导学生"知行合一"，夯实学科基础，培养学生的学科素养和人文意识；另一方面，以挑战课程为突破口，以其多样性、趣味性，引导学生发现、探索、创新，激发学生潜能，培养学生的实践能力和创新意识。

三是创新组织管理，抓好关键环节。巴蜀中学不断创新教学组织管理，针对遴选出的优秀学生，推行"探究式—小班化"教学、走班制和导师制。开展"探究式—小班化"教学，可以提升课堂教学的启发性、互动性和探究性，引导学生主动发现问题、分析问题和解决问题，培养学生的批判性和创造性思维。完善选课走

班制度，可以提供兼具多样化与科学性的实施方案，最大限度满足学生的个性化需要。实行"一人一导师"制度，构建多级组织管理培养机制，有利于持续关注学生的学业发展与身心健康，引领学生挖掘潜能、全面发展。

四是加强文化建设，营造良好生态。巴蜀中学坚持以文化建设统领学校发展，通过校长意识、校园物质文化、课程文化、仪式文化等学校文化建设的多元载体，让优秀学生浸润在布局合理、雅洁优美、宁静有序、健康和谐的校园环境和形式多样的仪式文化中，在日常学习和生活中逐渐生成和发展"领跑者"思想，让优秀学生领跑，促进更多学生追求优秀，达到文化浸润的效果。同时，秉承"善雅志"的德育理念，做好拔尖创新人才德育工作的顶层设计，通过开展"十个一""五节五周"等特色校园活动，培养学生的理想信念、家国情怀与社会担当。

五是推进协同育人，形成强大合力。巴蜀中学积极整合校内外教育资源，强化协同育人机制。学校与知名高科技企业共建创新实验基地，实现优势互补，激发个性化的办学活力；与国内外著名高校共建联合培养基地，实现互促共生，探索拔尖学生的"贯通式"培养；与其他知名中学共建联合培养基地，实现教研联动，促进学生个性化成长。

六是重视评价导向，促进持续发展。巴蜀中学坚持以学生成长成才为导向，探索新时期面向未来的学生评价，对学习动机、学习态度、学习体验到学习结果的全过程进行动态评价，推行学生成长记录、发展性评价等多种形式的学生评价方式，设计出八个维度的评价标准，持续关注学生学习品质的动态变化，引导学生形成适应终身学习、可持续发展所必备的能力与品格。

（二）加强队伍建设，营造强支撑的育人环境

巴蜀中学高度重视师资队伍建设，深入实施"人才强校"战略，坚持"以优秀的人培养更优秀的人"，让优秀的教师成为学生成

长的领路人，营造良好的育人环境，为拔尖创新人才的早期培养提供强有力的支撑。

一是广纳贤才，增强队伍核心实力。巴蜀中学按照"不拘一格、唯才是举、目标评价、有为有位、简单纯粹、成长成才"的原则，强化顶层设计，坚持政策引领，拓宽引才渠道，精准招引优秀人才，打造了一支业务精湛的师资队伍；加强人才引进的标准化管理，严把思想关、素养关，吸引了一批有情怀、能力强、勇担当的中青年教师，打造了一支德才兼备的师资队伍；加强教师梯队建设，优化教师队伍结构，完善师资发展激励机制，打造了一支结构合理的师资队伍。

二是积极培育，赋能教师专业成长。巴蜀中学秉承"专业成长、快乐工作、幸福生活"的理念，构建教师全周期成长体系，搭建多元立体平台，赋能教师专业成长，让每一位教师"各美其美"；推进新时期学校治理体系变革，营造共商、共建、共享的良好氛围，赋能教师职业发展，让每一位教师"心中有爱"；深入实施员工关爱计划，传承温馨团结的家文化，赋能教师身心健康、子女成长成才，让每一位教师"眼里有光"。

### （三）依托优质资源，搭建多样化的成长平台

巴蜀中学依托校内外资源优势，联合国内外知名高校、中学、科技创新企业以及研究机构等，为拔尖创新人才的成长搭建多样化的平台，推进多元主体协同育人，提升拔尖创新人才早期培养的质量。

一是贯通"培养链"，深入推进"大中衔接"。巴蜀中学着眼于拔尖创新人才培养的长期性，主动对接国内外知名高校，共同探索拔尖创新人才"大中衔接"培养路径；建立资源共享通道，开展一系列高质量的创新人才培养合作实践，共建了"清华大学基础学科拔尖创新人才大学中学衔接培养试点基地""北京大学数学后备人才培养基地""丘成桐少年班"等联合培养基地；构建

教研协作机制，开展一系列高水平的创新人才培养研讨活动，举办了清华大学"大中衔接"研讨与教学活动、"中学阶段创新人才培育的生态建设路径"主题论坛等活动；加强课程研发合作，开设一系列高品质的大学先修课程，满足学生对知识的个性化需求，提升学生的核心素养，促进中学教育与大学教育的有效呼应和衔接。

二是激活"动力源"，发挥大师引领作用。巴蜀中学贯彻"大师引领成长"的理念，邀请全国顶尖的学者、专家到校举办科学人文专题讲座，引导学生开阔眼界，厚植爱国情怀，树立远大志向，激发学生崇尚科学、追求真理、乐于探索的强大动力。比如，中国月球探测工程首席科学家、中国科学院院士、"嫦娥之父"欧阳自远亲临学校，为学生作"中国的探月梦"专题讲座，带领巴蜀学子共赴探月之旅，并勉励学子们立志高远、报效祖国；中国文物学会会长、故宫博物院学术委员会主任、故宫博物院原院长单霁翔为学生作"讲好中国故事 传播中华传统文化"主题讲座，带领巴蜀学子一起"用脚步丈量故宫"，并勉励学子们热爱传统文化，传承工匠精神。

## 四、展望：拔尖创新人才早期培养的优化策略

### （一）聚共识，树立正确的培养观念

一是明确合理性。拔尖创新人才早期培养既不是"掐尖"，也不是"拔苗"，更不是违背教育公平，而是在尊重教育规律的基础上，贯彻因材施教的理念，让每个孩子接受适合自己的教育。对于具有天赋潜质的孩子，早发现、早培养，让他们拥有适合自己的成长通道，为未来成为真正的拔尖人才奠定坚实基础，这既是教育以人为本的体现，也是国家发展战略的需要。

二是理解长期性。拔尖创新人才的培养不是一蹴而就的，多方主体应该共同克服功利化倾向和群体性焦虑，以"久久为功"

的底气和"静待花开"的心气，努力创设培育拔尖创新人才的良好条件，让孩子们在自由包容的土壤中生长。

三是把握前瞻性。拔尖创新人才早期培养应该面向未来、面向人人，在甄别、选拔和培养过程中，不仅仅只看重学生的学业成绩、智力水平等，还要关注学生的综合素质的发展，包括持续创新能力、终身学习能力，以及理想信念、爱国情怀、意志品格、社会责任感等。

（二）聚合力，构建一体化培养体系

一是构建大中小贯通培养体系，形成"大学牵头、中学为主、小学配合"的贯通式拔尖创新人才培养路径，真正做到拔尖创新人才早发现、早培养。大中小贯通培养，绝不限于人才选拔领域，不等于简单的生源输送，应该逐步构建涵盖理念共生、制度共建、资源共享、实施共治、评价共促等在内的更为连贯的高质量人才培养体系。

二是构建家校社协同育人体系，共同关注学生的成长需求和发展方向，建立科学高效的家校社沟通机制，强化教育资源的整合与分享，提供各类社会实践平台，支持学生开展创新项目和社会实践活动，为拔尖创新人才的培养创造更加有利的环境和条件。

（三）聚效能，探索科学的培养方式

一是研究大脑发展规律，提升人才培养的科学性。依托高校、科研院所等资源，开展基于脑科学的拔尖创新人才培养项目研究，逐步将脑科学的前沿理论和实践成果融入拔尖创新人才早期培养的识别、选拔、培养的全过程，引导广大教师、家长遵循规律、科学育人，有效提升学生学习能力、学习效率，以更加科学的方式培养具有终身学习能力的学生，培养未来人才。

二是完善评价赋能机制，提升人才培养的实效性。新时代的评价应该遵循学生成长的规律，科学制定学生评价标准，注重学生评价的发展性、动态性，真正发挥评价的育人功能。同时，充分利用数字化的技术手段，建立学生评价数据的动态分析和反馈机制，持续关注学生成长的动态过程，以更加有效的评价赋能可持续发展的未来人才成长。

【参考文献】

[1] 戴耘. 拔尖创新人才培养的理论基础和实践思路 [J]. 华东师范大学学报（教育科学版），2024，42(1)：1-23.

[2] 陆岳新，万伟. 拔尖创新人才早期培养：经验梳理与政策建议 [J]. 江苏教育研究，2023(19)：25-29.

[3] 倪娟. 拔尖创新人才早期培养的战略意义、核心内涵及实践路径 [J]. 人民教育，2023(12)：50-55.

[4] 王国华. 中学如何突破拔尖创新人才培养的"瓶颈"——重庆市巴蜀中学校的探索 [J]. 人民教育，2023(3)：95-97.

# 高中拔尖创新人才培养路径探究

## ——云南师大附中高中数学拔尖创新人才培养

马永文

作者简介：

马永文，正高级教师，云南省特级教师，全国民族团结进步模范个人，现任云南师范大学附属中学党委副书记、校长。

办学理念：先学会做人，再学做学问，不仅要学会，关键要会学。

## 一、引言

党的二十大报告中指出："我们要坚持教育优先发展、科技自立自强、人才引领驱动，加快建设教育强国、科技强国、人才强国，坚持为党育人、为国育才，全面提高人才自主培养质量，着力造就拔尖创新人才，聚天下英才而用之。"培养拔尖创新人才，是统筹推进国家教育、科技、人才战略的着眼点，是解决我国在国际竞争中"卡脖子"问题的发力点，是对"李约瑟难题""钱学森之问"的有力回应，是推动国家高质量发展、实现中华民族伟大复兴的必然要求。

## 二、拔尖创新人才的内涵

什么是"拔尖创新人才"？学者们普遍认为拔尖创新人才是对科学发展和人类生产生活做出突出贡献的人才。我认为不妨从"拔尖""创新""人才"三个关键词来理解。"拔尖"的词典义为"在某方面非常领先或优秀"，"拔尖创新人才"的"拔尖"强调的是价值、成就远高于平均值；"创新"指的是在认识方面有别于常规思维，在实践方面能改进或创造新的事物，"拔尖创新人才"的"创新"强调的是具备创新意识和创新能力；"人才"不仅蕴含能力强、贡献大之意，更重要的是其思想品德正确，"拔尖创新人才"的"人才"强调的是能服务国家发展、民族振兴的社会主义建设者和接班人。

## 三、高中学段拔尖创新人才培养的现实困境

在当前教育环境中，高中拔尖创新人才培养面临着一系列的问题与挑战。

一是对"拔尖创新人才"存在认知偏差。2009年，教育部、

中组部、财政部启动了"珠峰计划";2013年,中国科协和教育部实施了"英才计划";2020年,教育部在部分高校开展"强基计划"等。这些都是拔尖创新人才培养的顶层号召,然而地方政府,尤其是中西部省份对"拔尖创新人才"培养的政策支持显得滞后,许多学校、家庭、学生简单地把"高分"学生等同于"拔尖创新人才",把"名校"当作拔尖创新人才的归宿。

二是教育理念亟待更新。传统的教育模式过于注重知识的传授和应试能力的培养,忽视了学生的创新思维、实践能力和综合素质的培养,"重知识轻体验、重结果轻过程"的教学方式必然难以挖掘学生的创新潜质。

三是教育资源不均衡。在一些发达地区,高中学校拥有丰富的教育资源,包括优秀的教师队伍、先进的教学设施和丰富的课外活动等,然而,在许多欠发达地区,高中学校的教育资源相对匮乏,无法提供与发达地区同等水平的教育条件,这给拔尖创新人才的培养带来了很大的困难。

四是评价体系有待完善。高考依然是高中生最为主要的升学路径,"唯分数""唯文凭"等不合理的评价机制很大程度上制约着拔尖创新人才的早期培养实践,这导致绝大多数学校不得不采取工厂流水线式方案培养学生,学生创新的内在动机不但未被激发,反而受到了压制。

## 四、高中拔尖创新人才培养路径

### (一)人才甄选早期化

《教育部2012年工作要点》指出:"鼓励普通高中学校办出特色,探索区域高中多样化发展和学校特色发展的模式和办法。"从以上政策可以看出,国家鼓励有条件的地方和学校更加自由开放地办学。因此,学校应该结合地方政策要求和自身的办学理念、办学优势,大胆开辟个性化办学赛道。高中学校在招收初三毕业生时应根据自身发展定位进行招生政策的调整，招收与办学特色相适应的学子进行针对性培养，充分挖掘学生潜质。

2023年，云南省科协、省教育厅授予云南师范大学附属中学（以下简称云南师大附中）"云南省普通高中基础学科英才培养基地"称号，云南师大附中通过基础素质测试、暑期数学学科夏令营活动、课堂体验和面试共4轮基础素质测试，在已经录取到校的2026届高一年级新生中，公开选拔了34名有数学优长的学生组建"数学英才基地班"，进行差异化培养。没有发现，就没有培养，学校需要因地制宜建立科学规范的甄别、选拔机制。"得天下英才而教育之"的"得"，不是消极的等待，而是积极的甄选。我们要充分用好用活现有政策，多渠道、多方式、多阶段选拔有天赋、有志趣、有潜力的优秀学子，早发现，早培养，早成材。

（二）课程设置多元化

培养拔尖创新人才需要因材施教，在教育教学方面进行精准匹配，要进一步完善课程体系，全面满足学生发展的需求。云南师大附中首先要求全校所有学生完成国家要求开设的必修、选修和综合实践活动课程内容，获得国家课程方案规定的普通高中阶段学生必修课程的学分，为未来发展打下坚实基础。其次针对"数学英才基地班"学生设置特色数学课程体系，每周数学课占12~14课时，确保高一完成高中三年的必修、选修教材内容和《高中数学竞赛大纲》所要求的高中数学竞赛知识，高二完成代数、几何、数论、组合四大模块教学。同时设立兴趣型课程、拓展型课程、研究型课程、实践型课程和卓越型课程，比如机器人竞赛课、科技创新类无人机课等，提升基地班学生的综合素质。还开设了系列大学先修课，如微积分、线性代数、大学化学、大学物理、中国古代文化、中国古代历史、地质学等，深度挖掘学生潜力和创造力，促进学生全面而有个性的发展。

《关于新时代推进普通高中育人方式改革的指导意见》强调，"积极探索基于情境、问题导向的互动式、启发式、探究式、体验式等课堂教学，注重加强课题研究、项目设计、研究性学习等跨学科综合性教学，认真开展验证性实验和探究性实验教学。提高作业设计质量，精心设计基础性作业,适当增加探究性、实践性、综合性作业"。在以上课程的实施过程中，云南师大附中努力改进课堂教学，将创新思维、探究精神、合作意识等渗透到学科教学中，打造富有特色的课堂范式；努力推进教学改革，尝试采取分层、分类、选课、走班等方式实现精准教学，满足学生多元化、个性化学习需求。

### （三）师资队伍优质化

拔尖创新人才早期培养，首先必须依靠高素质、专业化、创新型的教师队伍。云南师大附中拥有一支品德高尚、业务精湛、治学有方、为人师表、优秀稳定的教师队伍，为拔尖创新人才培养提供了组织保障，但也面临着年龄偏大、理念偏旧、青黄不接等现实问题。

针对"数学英才基地班"的师资建设，云南师大附中做出了以下举措。一是设立云南师大附中英才培养基地专家工作站。积极引进国内知名高校专家、学者到我校担任大学先修课、学科竞赛课等课程的指导教师，整体提升学校数学学科的教学质量。二是打造三位一体的英才基地班师资团队。面向全国引进优秀学科竞赛教练，形成"竞赛教练—强基教练—骨干教师"三位一体的教师结构，建设基础教育教师人才高地。三是实施"英才基地班名师工作室"工程。启动云南师大附中英才基地班名师工作室建设，成立数学学科英才基地班备课组进行教学及研究，发挥名师效应，带动年轻教师专业成长，打造化教师队伍。通过以上举措，云南师大附中全面整合人才资源，打破拔尖创新人才早期培养的师资壁垒，造就人才互通、资源共享的良好育人生态。

### （四）育人主体协同化

拔尖创新人才早期培养,必须协同行动,构建跨区域、跨领域、跨学校、跨学段、跨学科的共育体系。我们要充分整合政府、大学、社会、家庭等资源，积极探索拔尖创新人才小中大贯通式培养路径。《国家中长期教育改革和发展规划纲要（2010—2020年）》中明确指出，"树立系统培养观念，推进小学、中学、大学有机衔接"，"形成体系开放、机制灵活、渠道互通、选择多样的人才培养体制"。要向下衔接，开辟苗子识别、选拔、培育的绿色通道，开展创新人才前置培养；要向上对接，借力丘成桐少年班、"强基计划""领军计划""英才计划""卓越计划""攀登计划"等，开展拔尖创新人才升格培养。

云南师大附中积极争取上级教育主管部门的支持，包括政策、编制、经费等方面，目前正在推进成立"少年拔尖人才创新实验班"；选定国内部分高水平研究型综合大学，共同致力于推动拔尖创新人才贯通式联合培养体系的建设，邀请了田刚、袁亚湘、汤涛等知名院士进校园指导交流，邀请了清华大学、哈尔滨工业大学、香港中文大学、武汉大学等重点大学的知名数学教授给"英才基地班"学生开展主题讲座，组织英才基地班学生赴香港中文大学、哈尔滨工业大学、南方科技大学等重点院校进行研学实践；加强校企合作，为学生提供知识应用和实践创新的平台，注重学生深度学习和实践能力的培养，组织学生赴中国联通云南分公司、比亚迪深圳总部、深圳国家基因库等参观学习；加强家校协作，定期举行家长沙龙，和家长签署共同培养协议，家庭教育的长期滋养对拔尖创新人才培养举足轻重，父母要转变传统的认知观念，力争家校在育人目标上达成一致。

（五）评价机制动态化

教育评价是高中拔尖创新人才培养的指挥棒。高中阶段拔尖创新人才培养的一个重要功能就是为高等教育阶段输送优质人才，评价机制决定了拔尖创新人才的上升通道，如果没有匹配的评价机制，那么为拔尖创新人才培养所做出的努力都会白费，极有可能出现培养过程"轰轰烈烈"、最终选拔"冷冷清清"的惨淡局面，进而引发家长和学生的不满、社会的怀疑和批判。教育部部长怀进鹏受国务院委托向全国人大常委会报告关于考试招生制度改革情况时指出："拔尖创新人才的选拔培养评价机制有待完善，如何在不影响基本盘的前提下，为学生提供创新发展的'土壤'，让有潜质的学生得到浸润式培养，加强选培评一体化，仍需进一步深入研究，审慎探索。"传统的教学质量评价存在着评价标准单一、过程性评价缺乏、评价反馈滞后等问题，即便是新近实施的"强基计划"，初选入围名单均以高考成绩为依据，招生选拔时高考成绩占比高达85%，高校自主决定的部分仅有15%，这势必导致大多数学生不得不继续努力抓高考成绩，因为如果高考成绩不达标，他们"拔尖创新人才"的特质势必难以全面展现。

基于以上问题，有必要建立"动态化评价体系"，将人才检测前置，对学生设置长期过程性综合测评，包括学术成绩、创新能力、实践能力、思想品德等多个维度，全面、发展、辩证地评价学生的成长情况，注重学生的综合素养，畅通人才成长通道，这样才能真正激励和引导学生的发展，这需要学校努力，更需要教育部门的顶层设计来引导和支持。

（六）德育工作常态化

学校应加强拔尖创新人才培养的德育工作，引导学生将个人命运与国家发展、民族复兴紧密结合，培育学生"为中华之崛起而读书"的家国情怀；通过思政教育、社会实践活动等方式，潜移默化地塑造学生的人生观、价值观和世界观。

针对"数学英才基地班"学生的德育工作，云南师大附中重点抓以下三个方面。一是西南联大文化培根铸魂。云南师大附中的前身是"西南联大附校"，联大传统孕育于烽烟炮火中，民族危亡之时。云南师大附中一致秉承西南联大"刚毅坚卓"的校训，发扬"爱祖国、重科学、争民主、求进步"的优良传统,牢记"教书救国、读书报国"的使命,依托校史馆资源,通过西南联大文化加强学生爱国主义思想教育,充分涵养学生的精神底色,激励学生自强不息、奋发图强,深怀爱国之情,实践报国之志。二是书香校园铸就人文底蕴。云南师大附中积极参与全民阅读活动,引导和激励学生爱读书、读好书、善读书,立志为中华民族的伟大复兴而读书,增强历史自觉和文化自信,开展了"师生共读、品读书香""特色活动,分享书香""教师研培,领略书香""设施完备,满园书香""爱心帮扶,传递书香"等丰富多彩的系列读书活动。三是社团文化营造自主、开放的校园氛围。云南师大附中第一任校长黄钰生的德育工作思路是重熏陶不重管理,重实践不重说教,以校风熏陶学生之品德与情操,寓德育于教学、体育、劳动、课外活动。围绕"我们的社团,我们打造"的口号,全力建设我校的社团文化,丰富同学们的课余生活,倡导健康文明的校园风尚,为广大同学提供更加丰富多彩的文化、娱乐活动。目前,云南师大附中共有39个学生社团,成员达1000余人,60%以上的在校学生都参加过学生社团。社团文化建设培养了学生自我参与、自我管理、自我完善、自我创新等各方面的能力,对强化思想政治工作、疏解学生心理压力、推进素质教育、维护学校的稳定有着举足轻重的作用。

## 五、结论

高中拔尖创新人才的培养需要学校、家庭、社会、政府等多方面的共同努力。学校要创设有利于创新人才成长的教育环境,合理甄选人才,优化课程设置,加强师资队伍,更新教育理念,注重德育,培养学生的创新思维、实践能力和综合素质。家庭要关注学生的个性发展,营造良好的家庭教育氛围。社会要为高中拔尖创新人才提供更多的成长机会和平台。教育部门要建立科学、合理、公正的评价体系，关注学生的综合素质和创新能力，为拔尖创新人才培养提供良好的政策环境。对高中拔尖创新人才培养模式的研究是一项长期、复杂的任务，需要我们从多方面、多层次进行深入探讨。通过不断改革和创新，相信我国的高中拔尖创新人才培养将取得更加显著的成效。

【参考文献】

[1] 陈希.按照党的教育方针培养拔尖创新人才[J].中国高等教育，2002(23)：7-9.

[2] 褚宏启.如何看待拔尖创新人才培养及路径[J].教育科学研究，2023(9)：1.

[3] 高明，陈倩倩.高中化学拔尖创新人才早期培养路径——以华中师大一附中为例[J].教师教育论坛，2024，37(2)：60-62.

[4] 侯晓慧，李亚汉，郑雪峰，等.基于线上课程教学的全过程质量评价体系构建研究[J].计算机教育，2021(1)：13-17.

[5] 潘孝楠，吴优.高校拔尖创新人才的培养模式与路径探索[J].党政论坛，2024(1)：53-56.

[6] 王殿军.拔尖创新人才培养，基础教育何为？[J].教育国际交流，2024(2)：39-42.

[7] 王文婧，王捷一."高中—大学"贯通培养拔尖创新人才的路径研究[J].江苏教育研究，2023(24)：27-31.

[8] 王秀彩.学段贯通视角下拔尖创新人才培养路径探析[J].中小学校长，2023(12)：26-29.

[9] 杨培明."高中—大学"贯通培养拔尖创新人才的现实困境与实践方略[J].人民教育，2024(2)：47-49.

[10] 郑朝卿.拔尖创新人才选拔培养：成果与经验[M].重庆：西南师范大学出版社，2014.

# 打开边界 融通未来

## ——中小学科创教育的明德实践

鲁 江

**作者简介：**

鲁江，深圳明德实验学校（集团）党委书记、附属高级中学校长，正高级教师，北京大学全国名校长培养基地导师，华南师范大学硕士生导师，深圳市委决策咨询委员会专家。

办学理念：打开边界，融通未来

深圳明德实验学校（集团）（以下简称明德）是一所由政府举办、腾讯等知名高科技企业支持的十二年一贯制新型公办教育集团。创校十年来，学校以"打开边界，融通未来"为办学理念，以"建设自由开放的未来学校，培养引领时代的创新人才"为教育使命，立足深圳城市定位和校情实际，从体制、课程、课堂、时空、管理、教师等维度全方位突破，走出了一条科创教育特色发展路径。

## 一、中小学科创教育的时代背景

### （一）科创教育是世界各国激烈博弈的前沿阵地

当今世界正处于百年未有之大变局，科技创新是其中一个关键变量。随着新一轮科技革命和产业变革的迅猛发展，科创教育被定位为提升国家核心竞争力的基石，成为大国间激烈博弈的前沿阵地，也成为各国撬动整体教育改革的关键领域。

近几年，美国通过颁布《无尽前沿法案》和《美国竞争法》等，不断强化科创教育的战略引领作用，推出"STEM 卓越计划"，向全学段学生提供高质量的 STEM 教育，旨在提升其全球竞争力。欧盟发布首个综合 STEM 教学框架，致力于提升科创教育质量。德国积极实施 MINT 教育行动计划 2.0，推动数字化人才加速器项目，为八~十二年级学生提供模拟数字化产业平台。此外，英国的天才教育、澳大利亚的英才教育、日本的贯通连续培养体系等都在以国家战略大力支持科创教育，抓早抢攻创新人才培养高地。联合国教科文组织指出：科学、技术、创新和文化潜力推动可持续发展并实现千年发展目标。毋庸置疑，科创教育在全球范围内勃兴，已成为时代大势和教育主流，大力发展科创教育迫在眉睫。

### （二）科创教育是我国建设科技强国的重大国家战略

加快实现高水平科技自立自强，事关国家的生存力、竞争力、发展力、持续力，事关全面建设社会主义现代化国家、全面推进中华民族伟大复兴的大局。

我国向来重视科创教育。建国伊始，党中央就发出了"向科学进军"的号召。1978年，邓小平同志在全国科学大会上指出，我国要在短时间内实现四个现代化，"就不能不大力发展科学研究事业和科学教育事业"。1988年，他提出了"科学技术是第一生产力"的论断。1995年，我国首次正式提出"科教兴国"战略。

在党的二十大报告中，习近平总书记指出："教育、科技、人才是全面建设社会主义现代化国家的基础性、战略性支撑。必须坚持科技是第一生产力、人才是第一资源、创新是第一动力。"首次将教育、科技和人才作三位一体部署，从而赋予中国科创教育以新的战略地位、历史使命和发展图景。同时，习近平总书记还提出，"进一步加强科学教育、工程教育，加强拔尖创新人才自主培养，为解决我国关键核心技术攻关提供人才支撑"；"要在'双减'中做好科学教育加法，激发青少年好奇心、想象力、探求欲，培育具备科学家潜质、愿意献身科学研究事业的青少年群体"。为此，教育部等十八部门专门印发《关于加强新时代中小学科学教育工作的意见》，为深入推进科创教育改革提供了根本遵循和明确指引，科创教育已上升为国家重大战略工程。

## （三）科创教育是深圳建设全球科创高地的基础支撑

作为改革开放的前沿城市，在四十多年的发展中，深圳始终以科技创新为引领，推动产业创新、产品创新，以科技创新"硬核力"，保持深圳经济增长"硬实力"。创新成为深圳的根和魂，深深镌刻于城市精神中。

当前，在建设粤港澳大湾区和中国特色社会主义先行示范区的新征程上，深圳坚定不移地实施创新驱动发展战略，坚持把科技创新作为城市发展的主导战略，作为高质量发展的核心动能，聚焦发展战略性新兴产业，布局"20+8"产业集群，深入推进产业链、创新链、资金链、人才链"四链融合",不断完善全过程创新生态链,着力构建具有全球影响力的科技和产业创新高地,加快实现高水平科技自立自强。

作为全球科创高地的深圳拥有丰富的科创教育资源,发展科创教育、活化资源、全域联动,构筑一个无边界的科创教育发展共同体,播撒科创的种子,为创新人才培育提供一方沃土,为城市发展提供坚实的基础支撑,成为深圳的题中之义。

## 二、中小学科创教育的现实困境

多年来,我国科创教育取得了许多成就,课程体系日益健全,教学改革不断深化,师资队伍持续壮大,协同育人初见成效。但也存在许多亟须破解的问题,依然要直面"钱学森之问"。

### (一)体制方面

科创教育相对封闭,要么公办、要么民办的办学体制使得办学主体单一,企业参与学校科创教育缺乏内生动力,学校科教资源较为贫乏,不利于科创教育深入展开。

### (二)课程方面

科学课程不成体系,学校"重分科教学轻综合课程",以教科书为主要教学参考,课程内容相对滞后。在课程设置上,主要为小学科学、中学物理、化学、生物学、地理等基础课程,直面和解决科学问题的跨学科乃至超学科课程建构不足。校内实验室较为传统,校外科技创新资源未得到有效利用,与前沿科技和社会生活存在较大脱节。

### (三)课堂方面

科学课堂教学以讲授为主,将科学探究弱化为知识传递或固定程式,学生自驱力不足;评价仍以考试成绩为主,重结果轻过程,应试氛围较为浓厚，教师科创教育的积极性不高。

### （四）时空方面

科创教育场馆不足，缺乏对接前沿科技的创新实验室，实验室设备设施及环境陈旧，校外科创教育基地较少，在线科学资源匮乏。

### （五）管理方面

科创教育的管理方式偏传统、效能较低下，课堂教学技术含量低，人工智能技术对其深度赋能不足。

### （六）师资方面

科学教师配置不足，来源单一，校外工程师、设计师、科学家等较少进入校园，多元化的人才资源较为欠缺。

上述问题或认识误区须引起教育界高度重视，如长期得不到妥善解决，势必动摇国家拔尖创新人才培养的底部根基，制约全民族科学素养提升，甚至关乎国家未来长久发展和前途命运。

## 三、新时代科创教育的突围和发展

针对上述问题，明德坚持"打开边界，融通未来"的理念，从体制、课程、课堂、时空、管理、师资等六个维度精准发力、有效突破，全方位推动新时代科创教育突围和发展。

### （一）打开体制边界，建设多元参与的无围墙学校

办学体制是影响学校科创教育的关键因素。针对当前中小学科创教育主体单一、校企深度合作缺乏、科创教育资源匮乏、经费不足等问题，明德在2013年创校时就打开了学校体制的边界，主动探索政企合作的科创教育新体制。明德由深圳市福田区政府和腾讯公益慈善基金会合作办学，办学双方共同组成明德教育基金会管理学校，学校由政府全额财政拨款，同时明德基金会每年

向学校定期捐赠，支持学校教育改革及科创教育探索。

政企合作的新型办学体制（见图1），打开了体制边界，激发了企业深度介入学校科创教育的积极性，腾讯全球领先的企业管理经验及资金、技术、人才等资源源源不断地流向学校，助力学校科创教育发展，从体制机制的源头激活了学校科创教育新动能。

图1　政企合作的办学新体制

## （二）打开学科边界，开发社会协同的无边界课程

课程建设是科创教育的核心。根据《关于加强新时代中小学科学教育工作的意见》中"用好社会大课堂"的指示精神，明德针对当前中小学科创课程内容滞后且不够系统等问题，打开学科边界，开发了社会协同的无边界课程。

**1. 健全科技创新课程谱系，提升优质课程供给能力**

十年来，明德按照国家要求，立足校情定位，构建了由基础课程、拓展课程、特需课程、活动课程组成的科创课程体系（见图2），各类科创课程丰富、立体、聚焦，指向学生的创新精神和科学素养。

（1）开足开齐国家基础课程，在小学科学、中学物理、化学、生物学、地理等学科课程中融合科创教育内容。

（2）开发聚焦学科核心素养的科创拓展课程，一是科学、物理、化学、生物学、地理等学科衍生的学科拓展课程；二是跨学科融合拓展课程,如以主题为统领、以问题解决为核心的"红树林"(2014)、"湿地研究"(2015)、"海绵城市"(2015)、"小实验家"(2017)、"发明与创造"(2017)等创新实验室课程。

（3）开发满足学生个性化需求的科创特需课程,如未来书院课程（数理及科创方向）及科技社团课程。

（4）组织提高学生实践能力的科创活动课程,每年组织全校范围的创新季活动,带领学生到国内外知名企业、高校、科研院所、社区等地开展科创研学实践活动等。

科创活动课程 → 培养实践能力
含创新季课程、科创研学实践课程（去企业、高校、科研院所、社区等）

科创特需课程 → 满足学生个性化需求
含书院课程（未来书院）、社团课程（各类科技社团）

科创拓展课程 → 聚焦学科核心素养
1. 1+N学科拓展课程：科学+科创、物理+科创、化学+科创、生物学+科创、地理+科创
2. 跨学科融合拓展课程：创新实验室课程,含航空航天、汽车工程等18个主题

科创基础课程 → 体现国家意志
含小学科学、中学物理、化学、生物学、地理等

**图 2　深圳明德实验学校（集团）科创课程体系**

## 2. 校企协同建设科创空间集群,系统开发多维科创课程

近年来,明德发挥体制优势,积极引入社会化科技教育资源,拓展科创教育场馆空间,持续优化科创教育场域。

学校以 STEAM 创新空间建设为突破口,对标深圳"20+8"产业集群,联合腾讯、华为、大疆、比亚迪、华大基因等多家本土头部企业,建成了智能制造空间、自然生态空间、互联网创新空间、艺术创意空间和人文阅读空间等五大开放式主题学习空间,以及航空航天、汽车工程、仿生机械、数字制造、海绵城市、河道治理、生物基因、海洋资源、扫描电镜、人工智能、大数据、虚拟现实、智能物联、5G 技术、服装设计、产品设计、动漫设计、影视媒体等 18 个创新实验室,同时开设了海豚学院、明德 B 站、荟文书院和荷苑文学社（见表 1）。

表1 深圳明德实验学校（集团）创新实验室空间集群

| 空间 | 创新实验室 | 联合建设单位 | 面积/m² | 功　　能 |
|---|---|---|---|---|
| 智能制造空间 | 航空航天实验室 | 大疆 | 130 | 737模拟驾驶、无人机摄影、固定翼航模制作 |
| | 汽车工程实验室 | 比亚迪 | 130 | 汽车机械结构解析、新能源车三电系统演示 |
| | 仿生机械实验室 | 优必选 | 130 | 仿生机械狗、机械猫、机械水生动物设计制作 |
| | 数字制造实验室 | 大族激光 | 130 | 3D打印、CNC机床、光固化打印、激光切割等数控加工 |
| 自然生态空间 | 海绵城市实验室 | 福田区海绵办 | 130 | 海绵城市工程结构、深圳东江供水工程、自来水厂水体净化工程演示 |
| | 河道治理实验室 | 深圳市水务局 | 130 | 河道治理劳动教育、湿地观鸟、水质检测 |
| | 生物基因实验室 | 华大基因 | 130 | 基因测序、无土栽培、滴灌绿植、生态水循环等 |
| | 海洋资源实验室 | 中集海控 | 130 | 蓝鲸号可燃冰工程模型演示、多源数据融合地理信息系统可视化 |
| | 扫描电镜实验室 | 飞纳集团 | 10 | 175000倍电子显微镜纳米级数字影像观测 |
| 互联网创新空间 | 人工智能实验室 | 腾讯 | 130 | 语音识别、生成式AI、腾讯绝艺围棋强化学习AI系统等AI教学 |
| | 大数据实验室 | 腾讯 | 85 | 金融股市大数据量化交易模拟、腾讯大数据中心展示 |
| | 虚拟现实实验室 | 腾讯 | 130 | 81平超大五面围合曲面LED虚拟现实 |
| | 智能物联实验室 | 华为 | 85 | 华为鸿蒙系统智能家居控制 |
| | 5G技术实验室 | 中国移动 | 85 | 5代手机发展史、5G文娱、5G生活和5G工业展示 |

续表

| 空间 | 创新实验室 | 联合建设单位 | 面积/m² | 功　能 |
|---|---|---|---|---|
| 艺术创意空间 | 服装设计实验室 | 歌力思 | 250 | 服装设计、打版、缝纫制作、T台走秀 |
| | 产品设计实验室 | 洛斐客文化 | 80 | 3D陶瓷打印、图形工作站平面设计、生活物品工业设计 |
| | 动漫设计实验室 | 趣顽科技 | 80 | 数位作图一体机动漫手绘、三维互动系统趣味画鱼 |
| | 影视媒体实验室 | 深广电 | 90 | 校园电视台、摄影棚专业摄影、微电影制作剪辑等 |
| 人文阅读空间 | 海豚学院（线上） | 腾讯 | 线上 | 各学科微课 |
| | 明德B站 | 哔哩哔哩 | 线上 | 各学科微课 |
| | 荟文书院 | / | 650 | 图书阅读、微课录制 |
| | 荷苑文学社 | / | 90 | 生活作文、游学作文、科幻文学、文化分享 |

学校依托并充分利用上述实验室，开发了100余门创新实验室课程，形成了科学完善的科创课程体系。此外，学校积极引导学生在创新实验室大领域中挖掘问题，通过实验、设计并制作方案原型解决实际问题。根据不同实验室方向，学校设立了200多个探究小课题，学生可选择或自创研究题目，组队研学，深入研究。每年创新季，学校会举办年度探究小课题路演大会并评选最佳小组，项目式科学学习进入百花齐放的良性循环状态。

（三）打开学习边界，探索自主驱动的无制式教学

科创教育的根基在常态化课堂，针对当前科创课堂重讲授轻实践、学生缺乏学习兴趣、应试氛围浓厚等现状，明德积极探索自主驱动的科创教育新模式，不断提高学生科创学习的自驱力。学校依托腾讯在人工智能、云计算、大数据等领域的强大技术能力，充分利用"互联网＋教育"环境，统整腾讯、希沃、艾迪思特等企业支持的物联教室，创造性地探索构建了数字教育生态支

撑下的 E-PBL 科创教学新模式（见图 3）。

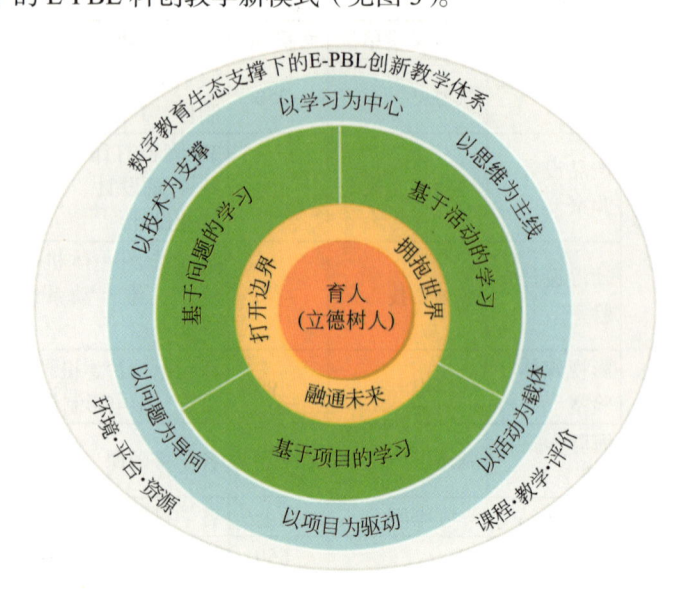

**图 3　数字教育生态支撑下的 E-PBL 创新教学体系**

该模式以技术为支撑（E），开展基于问题的学习（Problem-Based Learning）、基于项目的学习（Project-Based Learning）和基于活动的学习（Play-Based Learning），创新教学形态。同时，学校研究设计了 E-PBL 科创课堂教学模式评价标准（见表 2），作为引导和推进科创课堂高质量教学实践的主要导向和抓手。

**表 2　数字教育生态支撑下的 E-PBL 科创课堂教学模式评价标准**

| 评价项 | 评价内容 | 评价分项 | 评价标准 |
|---|---|---|---|
| E | 以技术为支撑 | E1 | 教学过程有技术含量 |
|  |  | E2 | 技术使用自然、恰当、有效 |
| P | 以问题为导向 以项目为驱动 以活动为载体 | P1 | 有符合教学目标的"问题/项目/活动"设计 |
|  |  | P2 | "问题/项目/活动"贴近生活实际 |
|  |  | P3 | "问题/项目/活动"激发学习兴趣 |
| B | 以思维为主线 | B1 | 教学过程有思维含量 |
|  |  | B2 | 高阶思维带动高效课堂 |

续表

| 评价项 | 评价内容 | 评价分项 | 评价标准 |
| --- | --- | --- | --- |
| L | 以学习为中心 | L1 | 学生有结构性学习任务 |
|  |  | L2 | 学生有自主探究、实践的学习过程 |
|  |  | L3 | 合作学习机制良好、过程有序 |

E-PBL科创课堂教学模式指导和规范了教师的课堂教学行为，突破了传统的单向灌输式的、静态的科创课堂教学样态，重建教学流程，重整教学资源，启发学生通过自主、合作、探究，建构科学知识和提升创新能力，增强了学生学习内驱力，促使学生主动学习并合作分享，推动学生真实学习的发生。

### （四）打开时空边界，建设虚实融合的无时限课堂

陶行知先生说："处处是创造之地，天天是创造之时，人人是创造之人。"在加强创新实验室等实体空间建设的同时，学校还着手建设科创教育的虚拟空间，积极引入腾讯互联网技术和丰富的教育资源，建成虚拟学校"海豚学院"，组织全校教师录制精品微课7000多节，覆盖全学科，其中科创类微课近3000节，面向本校学生和全国各地免费开放。同时，学校在哔哩哔哩建立官方账号，吸引大批科创教师进驻，精心录制课程并上传，大大丰富了线上课程资源供给。目前，海豚学院和哔哩课程总访问量逾350万人次，优质科学课堂的社会辐射力呈几何级态势跃升，产生了显著的社会效益。

虚拟空间使学校科创教育冲破了教育时空的限制和校园围墙的阻隔，将实体学校科创教育的手臂不断延伸，虚实融合，互为补充，协同育人。

### （五）打开管理边界，实施智能精准的无感化管理

针对传统学校既有的"灯光+汗水"和"粉笔+黑板"的粗放教学方式，明德积极推动技术赋能，致力于以技术打开管理边界，实施智能精准的无感化管理。

学校将互联网人工智能、大数据、物联网等融入教育教学和

学校管理中，构建各种智能化平台，破解一个个复杂问题，让工作变得更加简约、智能和高效。

教学质量是课堂的生命线，学校聚焦备课、上课、作业、辅导、考试、评价六个关键环节，用AI赋能，推动科学课堂教学流程全链条优化（见图4），解放教师，提升教学工作效率。在智能备课平台，学校建立了在线智能书柜和跨校区联合教研平台，大大提高了科学集体备课的质量和效率。在智能作业平台，学校引进点阵笔技术，通过点阵笔内置的传感器和芯片，实时记录学生的书写痕迹，强化科学课堂练习的及时反馈。学校和企业一起开发了识花君、博物官、阅读君等学习小程序，让学生的科学学习变得更加有趣、更加自主、更加个性化。在智能考试平台，学校实现了科学命题、组卷，智能化阅卷，大大提升了考试效率。在智能评价平台，学校变终结性评价为过程性评价，积累了大量过程性数据，生成精确、客观和全面的学生个体画像。

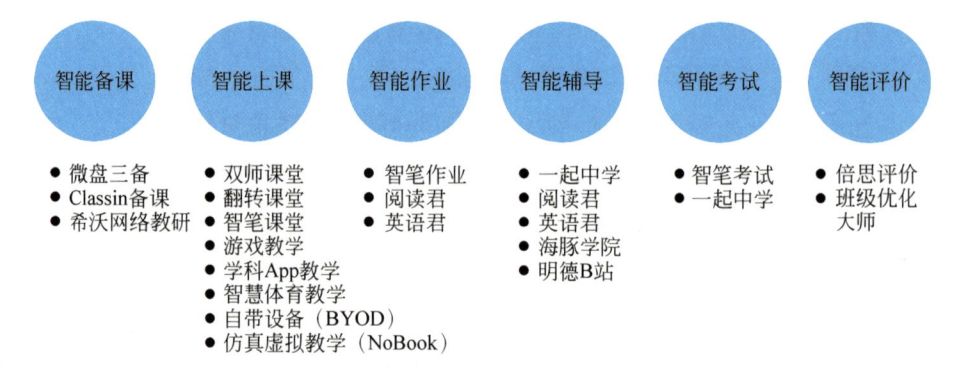

| 智能备课 | 智能上课 | 智能作业 | 智能辅导 | 智能考试 | 智能评价 |
|---|---|---|---|---|---|
| ● 微盘三备<br>● Classin备课<br>● 希沃网络教研 | ● 双师课堂<br>● 翻转课堂<br>● 智笔课堂<br>● 游戏教学<br>● 学科App教学<br>● 智慧体育教学<br>● 自带设备（BYOD）<br>● 仿真虚拟教学（NoBook） | ● 智笔作业<br>● 阅读君<br>● 英语君 | ● 一起中学<br>● 阅读君<br>● 英语君<br>● 海豚学院<br>● 明德B站 | ● 智笔考试<br>● 一起中学 | ● 倍思评价<br>● 班级优化大师 |

**图4 探索数智技术赋能教学全流程**

## （六）打开教师边界，重组跨界融合的无校籍团队

教师是科创教育的核心资源。学校打开校门，组建了一支专兼结合的科创教师新团队，将社会精英和成功人士引入校园，给科创教育注入活力。

### 1.配齐配强科创教育专职师资

学校利用教师去编制化管理的制度优势，突破了教师招聘中关于专业及原有工作经历的限制，从企业、政府部门、高校、科研院所等单位选聘了一批岗位适配度高的科创教师，包括全国名优骨干教师、学科带头人、顶尖名校毕业的青年才俊，以及来自腾讯、华为、邮政等单位的工程师等，广聚贤才。学校联合腾讯专门成立创新中心，定期赴腾讯总部接受培训，集中力量支持集团科创教育发展。

**2. 多方引进兼职教师**

学校充分利用深圳人才优势，特聘众多社会精英走进学校科创课堂，以客座教师身份，充实了学校的科创教师队伍。他们有大学教授、企业工程师、科学家、法官、律师等。此外，学校每年在各校区定期举办香蜜湖论坛、深圳湾论坛、大鹏湾论坛，邀请在各领域业有专长的优秀家长进校授课。据统计，我校每年开设家长讲堂逾1200节次，近年来已累计开展近5000节次，其中近半数与科创教育相关。这些课程补充了学校教育，真正把学校边界打开，连接生活，联通万物，让世界成为学生的教科书。

十年来，明德在科创教育领域的探索规划清晰、脚步坚实、富有成效。学生科学素养、创新能力得到较大提升，在国测、省测中表现优异，获国家专利26项、其他重要奖项数以千计。教师科创教育教学能力明显提升，出版专著13本，发表论文120余篇，开展课题研究27个，获奖近200项。学校科创教育特色更加鲜明，获得全国馆校结合科技教育基地学校、全国生态文明教育特色学校等荣誉近40个，被《人民教育》《中国教育报》、中央电视台等媒体多次深度报道，产生较广泛的影响。

未来，明德将在现有成果基础上，持续深入探索科创课程体系完善、科创教学模式迭代、科创教师团队优化等关键问题，深化探索"无边界课程、无时限课堂、无制式教学、无感化管理"的科创教育新路径，以科技赋能育人方式转型、AI赋能创新人才培养、科学教育特色为三大引擎，创造科教融汇、产教融合的"明德经验"，打造培养创新人才的中国未来学校样板。

# 大中贯通培养拔尖创新人才的实践探索

张执南

**作者简介：**

张执南，教授、博士生导师，上海交通大学机械与动力工程学院党委副书记，上海市"能源科技与未来城市"青少年科学创新实践工作站站长。主要从事摩擦信息学、设计创新理论与方法相关教学科研工作。入选上海市东方英才计划拔尖项目，获第二十四届中国专利奖金奖、国家级教学成果奖二等奖等。

**教学理念：** 优化改革我国创新人才培养体系，构建大中贯通的科创教育平台，是拔尖创新人才培养改革的必然要求和必由之路。

## 一、研究背景

　　培养和造就大批德才兼备的高素质创新人才，是国家和民族长远发展的大计。党的二十大开创性地将"教育、科技、人才"三位一体统筹部署，着重强调它们在全面建设社会主义现代化国家中的基础性和战略性支撑作用，明确提出要全面提高人才自主培养的质量，对拔尖创新人才培养提出了更高的要求。学校是创新人才培养的重要基地，肩负着拔尖创新人才培养的重任，应积极探索和实践适应国家发展需求、符合创造性人才成长规律的创新人才培养模式，为建设创新型国家培养大批高素质、高质量的科技创新后备人才。

　　拔尖创新人才培养是一项长期性、系统性的工程。培养拔尖创新人才不仅要培养学生深厚的学术基础，还要培养学生的家国情怀、批判性思维、知识整合能力、沟通协作能力、多元文化理解、全球化视野和创新延展性，培养能够面向现代化、面向世界、面向未来，对接国家重大战略需求，应对人类命运共同体共同挑战的领军式人物。从学校教育的全过程看，中学和大学阶段是青少年创造能力激发和创新特质发掘的关键时期，是创新人才选拔和培育的重要节点，应该将创新人才培养的环节前移，将创新思维、创新素养、创造能力的培养贯穿到大中小学教育的各个阶段和各个环节。然而，传统的中学教育和大学教育各成体系，中学和高校之间缺乏有效的协调和衔接，对接不够密切、合作不够深入，高校的优质教育资源向中学开放共享不足，对学生的表现性、过程性和成长性特质关注不足。这种起步晚、碎片化的人才培养模式不利于学生创新能力的连贯培养，创新人才的成长成才路径尚未实现真正的畅通。因此，重构创新人才培养体系，构建贯通式、阶梯式、一体化的拔尖创新人才教育平台是当前我国教育改革的迫切任务。

　　本文探讨的大中贯通式拔尖创新人才培养旨在围绕创新人才

培养目标，结合新时代发展需求探索育人本质，发挥贯通式培养的累积优势效应，联动整合大学与中学教育资源，协同各方力量进行拔尖创新人才培养模式的设计和改革，总结上海交通大学在大中贯通式拔尖创新人才培养中的实践探索经验。

## 二、理论基础：知识生产模式转型

随着社会向经济全球化、高等教育大众化及知识经济时代的转变，知识生产模式不断转型升级（见图1），由强调学院研究的知识生产模式Ⅰ向注重知识应用的知识生产模式Ⅱ转变，并进一步转向注重创新的知识生产模式Ⅲ。知识生产目的由单一的学科兴趣向满足社会公共利益转变；知识内容由点状线性的单一学科转向非线性、网状协同的跨学科、超学科知识，关注知识获取的连续性和全面性；知识生产组织形式更加开放多元，由单一的知识生产主体向多主体协同育人转变，呈现出公共利益性、跨学科性、协同性、多元参与性等特点。

| | 知识生产模式Ⅰ | 知识生产模式Ⅱ | 知识生产模式Ⅲ |
|---|---|---|---|
| 知识生产目的 | 学科兴趣 | 实践与应用 | 社会公共利益 |
| 知识生产内容 | 单一学科 | 跨学科 | 超学科 |
| 知识内容连接形式 | 点状线性 | 非线性 | 网状 |
| 知识生产组织形式 | 同质性的单一组织 | 异质性的多样组织 | 组织边界更加开放多元 |

图1 知识生产模式转型理论

知识生产模式的转型升级推动科创人才培养模式的改革创新，以培养符合新时代发展要求的拔尖创新人才。知识生产模式Ⅰ强调知识生产组织的单一性，人才培养主体由同质性的单一组织承担，排斥不同知识生产主体之间的知识流动，导致不同教育机构和不同学段之间严重脱节，即中学承担中学教学任务，高校承担大学教学任务，中学和大学的知识生产和传播无法有效衔接。知识生产模式Ⅲ更加强调知识生产是由不同社会主体围绕共同的目标共同努力的自发性行为，以创新网络和知识集群为衍生基础，强调多节点、多边界、多层次和多形态，构成动态联系、相互交叉和融合的知识生产创新系统。随着教育生态圈的建设，尤其是知识生产方式的转变，高校和中学间的联系日益密切，彼此不再作为完全独立的组织各自开展教育，而是打破组织壁垒，突破大中衔接瓶颈，实现跨界融合。高校逐渐参与到中学人才培养的过程中来，中学努力靠近大学的教学内容、培养模式和人才培养要求，共同承担起科技创新后备人才的培养任务，横向纵向协同发力，促进中学和大学的一体化贯通融合培养。

在知识生产模式Ⅰ的背景下，高校和中学分别通过学科领域和专业划分，在某单一学科领域独立培养专门化人才。这种人才培养模式往往会导致学科壁垒，不利于不同学科之间的交叉融合，也不利于培养学生的发散思维和创造性思维，难以培养出国家和社会真正需要的复合型创新人才。知识生产模式Ⅲ则更加推崇外生性的跨界人才培养模式，鼓励知识生产更加开放多元，培养机制更加灵活，要求不同学科之间和不同学习阶段之间不断融合。为达到该目标，高校和中学教育要加强贯通融合，将高校多元化的教学资源延伸至中学阶段，通过衔接高校和中学的课程和教学内容，加强中学阶段的认知提升、跨学科、方法论课程、多元技能综合性教育，帮助学生实现从中学到大学的零阻碍跨越。

## 三、大中贯通拔尖创新人才培养的实践路径

### （一）顶层设计大中贯通科技创新课程体系

为构建大学和中学科创教育的衔接桥梁，上海交通大学设计开发了一系列针对大一新生的科学研究与创新实践课程、专业认知前沿讲座等，以全面了解学生为切入点，以引导学生逐渐向

大学科创氛围过渡为目标，助力中学生初入大学科创土壤时平稳落地。

以"工程学导论"为例，该课程面向全校工科大一新生开设，介绍工程学的基本概念和方法论，帮助学生建立对工程学科的整体认识，课程体系见图2。该课程作为高中向大学阶段转变衔接的必修课程，以问题驱动为导向，注重引领学生在生活的真实场景中发现需求，运用工程学知识解决实际问题，以好奇心激发想象力，突破学生的认知局限。通过基于项目的体验式教学、混合式教学帮助学生从"被动接受"向"主动学习"模式转变，从知识传授向以学生为中心的"价值—知识—能力—素养"协同提升模式转变，为学生从高中向大学跨越提供了解决方案，为大一新生进入高年级深入学习细分工程专业和技能夯实基础。同时该课程可以帮助高校了解大一新生的知识积累和专业水平，进一步理解和设计大中贯通科创课程，以便动态调整大中贯通课程的难易程度和内容模块，提高大中贯通课程的适用性。

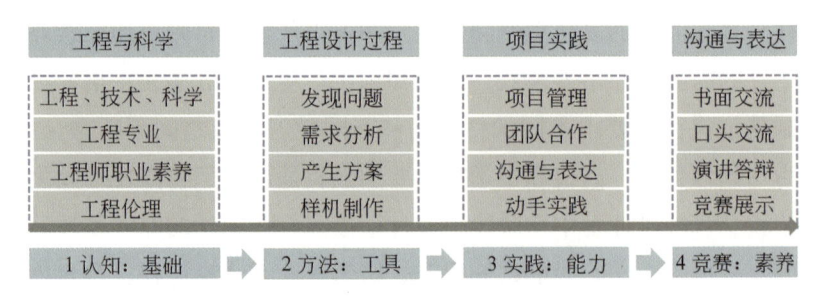

| 工程与科学 | 工程设计过程 | 项目实践 | 沟通与表达 |
|---|---|---|---|
| 工程、技术、科学 | 发现问题 | 项目管理 | 书面交流 |
| 工程专业 | 需求分析 | 团队合作 | 口头交流 |
| 工程师职业素养 | 产生方案 | 沟通与表达 | 演讲答辩 |
| 工程伦理 | 样机制作 | 动手实践 | 竞赛展示 |
| 1认知：基础 | 2方法：工具 | 3实践：能力 | 4竞赛：素养 |

图2 "工程学导论"课程体系

同时，上海交通大学积极探索高校与中学联动、大学工作站和高中实践点相结合的新型青少年科技创新人才培养模式。"能源科技与未来城市"青少年科学创新实践工作站以未来城市为切入点，结合能源科技、人工智能、未来交通与无人机等前沿技术，为青少年量身定做创新实践培养方案，引导青少年大胆畅想城市在能源科技、未来交通、健康医疗和智慧生活等方面的未来场景。科创实践工作站采用理论结合实践、学习结合探究、体验结合创新的科创课程体系，在初期结合高中生知识体系开设通识基础课程，讲授结构设计、程序控制、原型制造等基础知识。以结构设计课程模块为例，通过案例式教学，教授三维几何建模基础知识、绘图技巧及 CAD 软件操作，普及数字化设计技术，培养学生对设计制造的兴趣。在经过基础及理论课程的集中授课后，学生根据自己的选题分别进入不同课题的分课堂进一步深入学习，参与课题研究模块的课程，接受专业的课题指导，完成课题并展示成果，为后续进入高校学习奠定理论与学科基础。科创实践工作站通过阶梯式的创新课程教学体系和立体式的综合能力培养方法，帮助中学生提前学习工程基础入门知识和技能，打通教学内容，有效促进中学和大学阶段的知识衔接，保障中学和大学教学内容的连贯性与系统性。

（二）构建大中贯通创新人才培养生态体系

上海交通大学立足高校殷实的科研实力与前沿产教结合的优势，依托学校理工医管平台，将创新人才培养关口前移，通过主动"走出去"，将优质师资、科创资源向中学开放和延伸，组织各学科专家学者走进中学课堂，开设科创启蒙和大中衔接课程，开启学生从中学进入大学的学术启蒙。通过积极"请进来"，以大学体验营、实践站科普教育等形式鼓励中学生走进大学校园，深度体验专业的科创课程和实践项目，推动大中学创新人才的衔接贯通培养。

上海交通大学"学森挑战计划"面向学有余力的优秀高一学生开放，开展为期半年至一年的课程和实践学习，采用学术导论课、学术沙龙、创新挑战营以及创新挑战大赛等线上和线下相结合的形式，精心打造兼具趣味性与挑战性、理论与实践紧密结合的课程和实践环节，激发学生创新思维的同时，为中学生提前体验高校科创人才培养环节提供平台，为中学向大学的转变衔接打好基础。"学森挑战计划"的学术课程（见图 3）和沙龙聚焦大数据、智能制造、金融经管、智慧医疗等前沿领域，以 Talent（创新天赋)、Ideal（家国理想）、Ambition（目标驱动）、Orientation（学科导向）为培养目标，设置多学科、交叉学科专业课程，涵盖工科、理科、人文社科、生物医药等领域，帮助学生通过学习足够多的静态知识获取领域导向，进行学科前沿探索，建立关于世界的思维架构和家国理想，定位更准确的专业兴趣，奠定更坚实的学科基础，培育更快速的创新转化能力，更好地满足未来全球化的创新人才需求。在课程学习的同时，开展线下暑期挑战营与挑战大赛，包括"从数字电路到芯片"挑战营、VEX机器人、飞越未来挑战营等，鼓励中学生大胆创新实践，通过互动式、沉浸式项目体验，将课程所学实际运用到科创项目中，培养学生的创新实践综合能力。立体化、多维度、跨学科的挑战活动和课程实践设置，旨在充分激发中学生的创新潜质，提升中学生学科素养，拓展知识边界，延伸学术视野，顺利完成从中学向大学的过渡。

| 自然科学课程 | 工程课程 | 人文社科课程 |
| --- | --- | --- |
| 微积分引论<br>免疫与健康<br>近代物理初步<br>古今数学思想<br>神奇的锂电池<br>天然药物解秘<br>数理之美与创新实践<br>蓝色海洋——十个为什么<br>感受医学——探索生命的未知<br>观千变万化，研真才实学——认识神奇的化学力量<br>…… | 走近人工智能<br>计算机科学导论<br>计算机视觉导论<br>光电显示技术导论<br>人工智能芯片发展<br>Python与语言数据科学<br>计算机科学导论——与信息时代的对话<br>一粒沙子的旅程——芯片工艺及前沿技术导论<br>机器的"骨骼"——有趣的机构学及其应用<br>从高比能电池到核聚变：构筑零碳未来的颠覆性能源技术 | 法之道<br>语言与大脑<br>经管视角看世界<br>汉字与中国文化<br>中国现代诗歌导读<br>面向文化、低碳与未来的现代木建筑<br>…… |

图3 "学森挑战计划"课程内容

### （三）贯通式科普教育赋能青少年科创人才培养

大力推动科普教育有机融入中学生日常教育，把科技创新人才培养贯穿中学教育全过程。依托高校高水平学术资源和教学资源，高校和中学联合建立中学生科技创新基地，通过举办科创课程、科创实验体验、科创展览等活动，传播科创知识，为青少年科技创新人才培养提供平台和资源。由高校专业教师和具有丰富科创经验的大学生共同组建科普团队，从教师专业视角和大学生参与者双重视角出发，结合自身研究领域，精心设计开发易于中学生理解、从专业认知到专业知识贯通类的科学实验互动课程、科普游戏、科普课件等科普产品，使科学知识生动化，通过沉浸式科普传播激发学生的创新兴趣和科创热情，提升中学生科技素养，增强科创意识，打通"科研—科普"链条，共同推进科技创新教育发展。

把大学新生作为中学科学教育与大学科创实践的过渡媒介，充分发挥大学生的力量，和高中母校开展多方位的合作，通过公益科普进高中、高中母校回访、暑期支教、科创实践站授课等系列活动，走进中学校园，开展讲解、咨询等科普宣传活动。大学新生与中学生进行现场互动，结合亲身体验传播科创知识，进一步满足中学生的科学探索需求，营造学科学、爱科学、讲科学、懂科学的良好氛围，激发中学生参与科技创新的浓厚兴趣，让他们提前了解大学学科和专业，从而激发学术志趣。同时，不断丰富数字化科普教育资源，建设互联互通、共建共享的网络科普学习空间，大力推进数字化赋能个性化、多元化科普学习，促进科普教育的因材施教，满足学生的个性化、精准化科创学习需求，促进科普教育贯通均衡发展。

## 四、对未来的展望

优化改革我国创新人才培养体系，构建大中贯通的科创教育平台，是拔尖创新人才培养改革的必然要求和必由之路。未来，中学和高校应进一步探索大中贯通的拔尖创新人才培养模式和实现路径，从人才选拔、课程共建、教学研讨、资源共享、共建中心等方面出发，充分发挥中学和大学各自的优势，深化交流对接，拓展合作领域，形成发展合力，突破中学教育和大学教育各成体系的壁垒，促进创新人才大中一体化贯通培养发挥长效和实效。

注重发挥多方优势，在全社会形成全方位的拔尖创新人才培养环境和氛围。从政府、学校、家庭、行业协会机构等主体出发，发挥政府的顶层设计和政策导向作用、学校的科创教育和资源保障作用、家庭的兴趣引导和情感支持作用、行业协会的第三方监督评价作用，为创新人才培养提供良好的社会环境、学校教育、政策支持和制度保障，共同构建多方协同的拔尖创新人才培养生态体系。

充分关注学生的个性化发展，建立拔尖创新人才分类选拔和培养机制。采用多元化选拔标准，通过多阶段、多通道、多维度选拔，避免创新后备人才选拔的简单化一刀切。同时充分保障学生的自主发展空间，对拔尖创新人才实施分类培养，如按照学科领域、研究兴趣、职业发展定位、高校培养特色和优势学科等制定不同的个性化培养方案，给予不同类型人才充分的发展成长空间，积极构建多元化、立体化、全方位的拔尖创新人才选拔和培养机制，建立多元化、复合型、综合性的科技创新后备人才库。

## 五、结语

连贯的创新教育对创新人才的成长成才至关重要，未来应打破高等教育和中学教育之间的鸿沟，促进高校和中学间的深度合作和有效衔接，不断加强创新教育的阶梯式、一体化、贯通式培养。本文以上海交通大学大中贯通式拔尖创新人才培养的实践探索为例，积极探索纵向衔接、横向协同的高校和中学协作体，以课程建设为核心，以科创实践为重点，以科普教育为载体，构建大中贯通创新人才培养生态体系，帮助学生培育创新精神、拓展创新思维、提升创新技能、强化创新行动。以期为加强中学和大学有效衔接、形成拔尖创新人才早期培育的合力提供有益启发，推动建立大中贯通拔尖创新人才培养的有效机制，进一步深入推进和实现拔尖创新人才的贯通式培养。

# 学术素养导向 大中衔接育人

## ——复旦附中拔尖创新人才早期培养校本实践

吴 坚

**作者简介：**

吴坚，复旦大学附属中学校长，正高级教师，特级校长，获2023年度上海市教育功臣提名。长期深耕基础教育一线，是一名善作善成的教书育人实践者和引领者。秉承"一切为了学生健康成长"的理念，以全面实施素质教育为宗旨，带领师生始终站在新时代教育高品质发展的最前沿。

办学理念：践行博雅教育，成就人的发展
　　　　　培养学生成为学习的主人、学校的主人、国家的主人、时代的主人

党的二十大报告提出"教育、科技、人才是全面建设社会主义现代化国家的基础性、战略性支撑",并强调"全面提高人才自主培养质量,着力造就拔尖创新人才",明确地将拔尖创新人才培养作为今后一个时期教育工作的主要任务。

关于拔尖创新人才培养,各个国家与地区在制定法律与政策、建立专门学校、注重综合素质评价、构建差异化课程体系、形成多元化校外培养体系等领域都做出了很多探索。相较于发达国家,我国重点关注高等教育阶段的拔尖创新人才开发,但在基础教育阶段对拔尖创新人才早期培养的重视相对不足。拔尖创新人才的早期培养,需要打通基础教育和高等教育阶段之间的壁垒。而以往的大中衔接研究与实践,更多地围绕招生制度改革、学科衔接、大学新生适应教育等领域展开,且一定程度上更强调"选拔功能"而非"教育功能",对拔尖创新人才的衔接培养关注度不够。这也使得中学阶段培养和选拔出来的学生,在进入高校学习,尤其是开启学术道路之后,表现出不适应的现象。

复旦大学附属中学(以下简称"复旦附中")作为上海市首批实验性示范性高中,受上海市教委和复旦大学双重领导,长期深耕大中衔接教育领域。2017年起,复旦附中进一步加强与复旦大学教务处的合作,以开设"大学微课"、参与启动"步青计划"为契机,全面构建以学术素养培育为导向、以大中衔接教育为主要平台的拔尖创新人才早期培养体系。经过数年的实践,这一体系培养了一大批优秀学生,促进了不同志趣领域学生的学术潜能开发、学术素养提升。学生在进入高校后,在学业和学术上的适应度显著提升。

## 一、提升学术素养为导向

以什么标准对拔尖创新人才进行选拔和培养是一个重要的命题。尤其是对于拔尖创新人才的早期发现与培养,培养与评价导向的确立显得尤为重要。以往,一些学校或教育相关组织以智商作为选拔的最主要标准,但这显然难以适应当下时代对于拔尖创新人才的多元需求,有研究指出,当超过约 120 的智商阈值后,智商和创造力的相关性会显著降低。而单纯以学科知识为导向的选拔和评价标准,又有可能引发超前学习的过度与泛滥。

更多的学校选择以"科学素养""创新素养"为评价与培养的指向,取得了丰硕成果。复旦附中在构建大中衔接培养体系的过程中,为了使学生在进入高校之后更为适应地开展学术学习和研究,针对《普通高中课程方案(2017 年版 2020 年修订)》关于学科核心素养的论述进行了系统梳理和文本研究,提出以"学术素养"作为学校拔尖创新人才早期培养的核心目标。

对学术素养的研究源于 20 世纪 90 年代英国学者对大学写作教学现状的反思,其实践也更多地指向高等教育领域,在基础教育领域鲜有涉及。通过文献研究与系统论证,复旦附中将高中学段的学术素养定义为学生在探究或研究过程中所应具备的基本素质和道德修养。同时,学校将学术素养划分为学术意识、学术知识、学术能力、学术道德规范四个维度,并形成指标体系(见表 1)。

表 1 高中生学术素养的指标体系(二级)

| 一级指标 | 二 级 指 标 |
| --- | --- |
| 学术意识 | 问题意识、探究/研究意识、批判意识 |
| 学术知识 | 一般科学文化知识、学科专业知识、方法论知识 |
| 学术能力 | 学术创新能力、专业选择与判断能力、学术资源获取能力、研究过程设计能力、研究过程实施能力、学术论文撰写能力 |
| 学术道德规范 | 学术诚信、引用规范、合作精神、研究透明度、学术伦理合规 |

在具体实践过程中,针对不同维度的学术素养培育,学校还进行了相应评价工具的开发。在选拔阶段,学校以跨学科"学习资料包"的形式给予学生新知,采取"现学现考"的模式(现场学习新知识后现场考核),规避了一味考查学科知识、变相鼓励超前学习的问题。"高中生研究方法入门"是每一位学生入学时的必修课程,学生在课程结束阶段需要提交关于一个探究/研究

问题的开题报告。学校组织研究性学习导师对开题报告进行审阅，主要针对学术意识（问题意识、探究/研究意识）和学术能力（学术资源获取能力、研究过程设计能力）两个维度展开评定。学校开发了校本研究性学习平台，学生在平台上完成了研究性学习后，需要完成研究性学习报告，平台会对报告中的学术引用规范以及是否使用 AI 工具等情况进行智能判断与评定。这些工具的开发与使用，对学生不同学习阶段的学术素养提升进行了有效检测。

## 二、培育学术志趣为目标

学科竞赛是我国历史最悠久、教育积淀最丰厚、参与群体最广大、培养最成系统的拔尖创新人才早期培养模式，有的学校甚至将学科竞赛人才培养等同于拔尖创新人才早期培养。但实证研究表明，相较于"非竞赛生"，"竞赛生"在进入高校学习后，除了学业成绩上优势显著以外，在诸如学习动力、创新力等方面的优势并不明显。但如果将"竞赛生"按照是否具有"科学兴趣"分为"兴趣型竞赛生"和"功利型竞赛生"，可以发现"兴趣型竞赛生"无论是在学术志趣、学习动力、专业特长自信还是创新力上都显著优于"功利型竞赛生"。

复旦附中在拔尖创新人才早期培养过程中，不是简单地将人才培养与竞赛训练画等号，而是根据学术素养的目标维度，将学科竞赛学习与学术养成相结合，将学科知识传授与学术志趣培育相融合，为每一位潜在的拔尖创新人才制定个性化的成长道路。2009 年，复旦附中成为首批参与市教委"普通高中学生创新素养培育实验项目"的四所学校之一，创设"理科实验班"（后增设"创新实验班"与"人文实验班"）。"理科实验班"中相当一部分学生在导师的带领下，在完成竞赛学习之余，还会撰写数学等学科的习作和论文。其后，学校成立"文理学院"，进一步扩大拔尖创新人才培养的辐射范围。2018 年，在"实验班"模式、"文理学院"模式等实践的基础上，学校全面实施"学院制"。学校在每一位高一学生入学伊始就将其分到四所不同的学院：家桢学院（课程偏向物理、化学，注重探索与实验）、望道学院（课程偏向人文、社科，注重内涵与修养）、步青学院（课程偏向数学、理论物理，注重逻辑与思辨）、希德学院（课程偏向科创、工程，注重创造与展示）。课程方面，除了完成国家课程中的必修与选择性必修课程以外，每个学院的学生还需完成相应的学院课程。以家桢学院为例，在该学院就读的物理竞赛学生，还需要在以下课程（见表2）中进行选修，完成学分，以达成相应的学术素养培育目标。

表2　家桢学院物理学院课程（某学期）

| 课 程 名 称 | 课程代码 | 任 课 教 师 | 课程属性 |
|---|---|---|---|
| 天体和宇宙 | FDWK011 | 徐建军 | 大学微课 |
| 物理学的演化 | FDWK033 | 施郁 | 大学微课 |
| 无处不在的振动和波 | FDWK039 | 石磊 | 大学微课 |
| 光：历史与物理 | FDWK051 | 刘韡韬 | 大学微课 |
| 走近核科学技术 | FDWK036 | 沈皓 | 大学微课 |
| 物理中的微积分 | KS001 | 王美芳 | 选修课 |
| 基本天文学及其进展 | KS012 | 杨志根（中国科学院） | 选修课 |
| 物理学术论文写作 | KS015 | 沈硕 | 选修课 |
| 物理定量实验 | KS017 | 刘玲、张秀梅、曹正东、王铁桦 | 选修课 |

在学院内，除了课程与学程的差异以外，每位学生都配有一名学院导师。学校还会聘请大学教授与学者，为拔尖学生配备校外导师，从而形成"1+1"的双轨导师制，对拔尖学生进行学术启蒙与学术引领。

复旦附中对于学生学术志趣的培育也已经彰显成效。2023年，国家自然科学基金委员会首次设立青年学生项目，对清华大学、北京大学、复旦大学等八所试点高校的优秀本科生申请人进行考察，遴选出学生项目进行科研资助。最终，复旦大学共有15

位本科生获得了资助，其中就有两位毕业于复旦附中。单佳骊同学（2021届）就读于复旦大学数学科学学院的数学与应用数学专业，其研究课题是 Toeplitz 整体最小二乘问题的随机算法；沈嘉城同学（2020届）就读于复旦大学化学系，其研究课题是氧化铈基非对称纳米介孔材料用于增强化学动力学治疗。这两位同学有两个共同点，其一是两人在高中阶段都有竞赛经历，分别获得全国高中数学联赛上海赛区二等奖和中国化学奥林匹克上海赛区一等奖；其二是两人都早在高中阶段就通过大学微课、学术培养等方式接受了学术生涯的启蒙，单佳骊同学更是在上大学微课期间，就与当时的授课老师——复旦大学数学学院教授楼红卫老师共同发表了论文《一个三角形几何不等式的推广》。两位同学的经历并非个例，越来越多的复旦附中毕业生得益于中学阶段的学术启蒙，在大学阶段更早更快地迈入学术道路。

## 三、大中衔接课程为抓手

除学科竞赛以外，提前领略大学课程被认为是拔尖创新人才早期培养过程中超前学习的主要形式。作为一所毗邻大学的附中，复旦附中在这一方面有着得天独厚的优势。但提前给中学生上什么形式和内容的课程，成为附中和大学共同思考的问题。基于这些考量，2017年始，复旦附中与复旦大学教务处进一步加强合作，以"两个全覆盖"的方式，开设了系列"微课"。所谓"两个全覆盖"，指的是"学科全覆盖"和"学生全覆盖"。前者针对课程设置，意为相关课程基本覆盖了复旦大学所拥有的学科；后者针对附中学生设置，意为所有的学生都能参与"微课"并选择自己感兴趣的课程。

为何要求尽可能覆盖复旦大学的全部学科门类？大学与高中在教学形态上迥然有别，大学的名师未必能给高中生讲出有效的短期课程。因此，复旦大学教务处以"努力使微课尽可能全面地覆盖复旦各学科"为目标，将相关学科根据高中的实际情况分为不同的类别，再根据学科类别邀请合适的老师。拥有不同学术背景、教书经历的老师也根据自身特长和所在学科特点，以六次课程为限度开发若干专题，通过这些专题所开拓的"点"呈现其学科特质，并由"点"连成"线"，比较贯通地将该学科的思维方式系统地呈现出来。

为何要覆盖全体学生？开设系列"微课"，并不是为了大学招生选拔，而是为了让这些日后将会进入不同大学的高中生尽可能早地接触到严肃的学术，了解何为学术、为什么要有形形色色的学术以及如何进行学术研究。在这个意义上，向中学生展示学术的思维和过程，并不只是为了吸引他们，更重要的是让他们对各学科有更为准确的认识，也对自己的学科兴趣有更多的发掘，从而能够更胸有成竹地面对未来。

后续，学校又陆续与上海交通大学、同济大学、上海财经大学等高校开展合作。截至 2023 年，已累计开设大中衔接课程近100 门，累计开课次数近 300 次，本校受众学生超过 10000 人次。复旦附中的大学微课也向复旦基础教育联盟学校、复旦大学重点帮扶的广西瑶族高级中学、重庆奉节中学等学校进行同步直播或录播，已累计辐射近万名学生。

在"两个全覆盖"的基础上，学校会选拔一部分在大学微课中展现出浓厚学术志趣、表现出一定学术潜力的学生，让他们参与教育部"英才计划"、复旦大学"步青计划"、杨浦区"双进入"等学术培育计划，为学生搭建学术体验平台。在此基础上，学校启动"卓越导师计划"，延请复旦大学教授、学者，作为附中优秀学生的学术导师。在导师的指导下，学生开展为期三年的理论学习与学术实践，导师也对学生的专业选择与学术生涯规划作出指导。

除了直接引进课程资源，学术素养导向的教学方式与教学环境变革，也是大中课程衔接的重要组成部分。学校倡导问题导向的教学方式变革，希望教育的组织者与实施者能够形成共识：以问题促进教学实施，不再停留于经验式的学习方式。在复旦附中，学生的学习发生点未必在课堂，学习发动处也未必在教材，学校倡导打造能够提供真实情境的教学环境。学习空间既不应局限于教室，也不应局限于校园，实验室、公共空间、大学、研究所、企业等都可以是学习的场域，学校希望创设能够带来复合体验的学习空间。这其中，尤以实验室建设为突出亮点。

以化学实验室为例，除了传统的 4 间化学学科实验室可以满足不同年级所有学生进行验证性实验和每年的合格性操作考试以外，根据拔尖创新人才培养的需求，学校实验中心对化学实验室的内涵和形态进行了重构，建设了有具体研究方向的专业实验室，与之匹配的是个性化的学习团体和课程框架的逐步形成。学校现有的化学创新实验室形态不一，功能丰富。在总面积不变的情况下，"自主探究实验室""化学拓展实验室""数字化实验室""仪器分析实验室"等都是在原有实验器材室的基础上重新改建而成，以满足师生教学的不同需求。"化学映像室"则用于师生研究开发实验视频，丰富原创教学资源的空间。物理、生物学、通用技术等学科的实验室也做了不同程度的调整与适配。学校实验中心在空间布局、学科建设、导师团队等教学必要元素方面做了一体化设计，为学生在开展项目研究、学术探究时提供支撑。

经过多年实践，复旦附中以自由的学习环境和严谨的课程规划，让学生获得了深刻的学习体验。学校围绕学术素养提升和学术志趣培育，大力发展学科竞赛，推动学术养成，形成了"一体两翼"的人才培养的新局面，所构建的大中衔接课程体系也为拔尖创新人才早期培养提供了新范式。

【参考文献】

[1] 鲍威，李珊. 高中学习经历对大学生学术融入的影响——聚焦高中与大学的教育衔接 [J]. 清华大学教育研究，2016，37(6)：59-71.

[2] 陆一，冷帝豪. 中学超前学习经历对大学拔尖学生学习状态的影响 [J]. 北京大学教育评论，2020，18(4)：129-150+188.

[3] 钱智，吴也白，宋清，等. 上海拔尖创新人才早期培养存在的问题和对策 [J]. 科学发展，2022(2)：15-22.

[4] 王立珍，袁金英，马秀峰. 研究生学术素养的内涵及培育探析 [J]. 软件导刊（教育技术），2012，11(5)：50-52.

[5] 杨清. 论普通高中拔尖创新人才早期培养 [J]. 中国教育学刊，2023(8)：64-70.

[6] 叶之红. 关于拔尖创新人才早期培养的基本认识 [J]. 教育研究，2007(6)：36-42.

[7] 赵淑梅. 大学与高中教育衔接研究的概况与展望 [J]. 江苏高教，2014(2)：110-112.

# 杭州学军中学创新人才培养：培基铸魂，肩负使命

邱月灵

**作者简介：**

邱月灵，杭州学军中学原党委书记、校长，正高级教师。曾获省级优秀教师、杭州市优秀校长、杭州市劳动模范等称号。浙江省督学，浙江师范大学班主任工作研究中心兼职研究员。《德育报》特约评论员，走进中华名校系列丛书《感召》《红烛》编委，中华名校长教育思想丛书《脊梁》编审。曾获省教育科学优秀成果一等奖、浙江省新世纪基础教育科研重大成果一等奖。

办学理念：全人教育、全球教育
做美好教育的远播者、优质教育的深耕人、未来教育的先行军

# 一、紧跟时代发展步伐，围绕国家发展战略

教育是国之大计，党之大计。拔尖创新人才的自主培养事关国家重大发展战略，不仅是构建高质量教育体系的应有之义，更是我国全面建成社会主义现代化强国、实现中华民族伟大复兴的必然要求。

在党的二十大报告中，习近平总书记强调，"全面提高人才自主培养质量，着力造就拔尖创新人才，聚天下英才而用之"。这是以习近平同志为核心的党中央统筹中华民族伟大复兴战略全局和应对世界百年未有之大变局作出的重要战略部署，充分说明了党和国家在新时代，新征程对教育的战略地位和作用有了更全面、更深远的认识。2023年，习近平总书记在中共中央政治局第三次集体学习时强调，要坚持走基础研究人才自主培养之路，深入实施"中学生英才计划""强基计划""基础学科拔尖学生培养计划"等。国家对创新英才之渴求，对自主培养之重视，可见一斑。

纵观世界主要发达国家拔尖创新人才的教育通道，都有着比较明确的规定：由国家力量和国家制度从战略的高度直接保障拔尖创新人才的选拔和培养。在两次工业革命和第三次科技革命的影响之下，不少发达国家围绕拔尖创新人才培养所形成的幼时甄别技术、追踪数据、选拔机制、培养策略、心理干预、生涯指导等关键经验积淀了长达百年。在拔尖创新人才的发现、选拔和培养机制上，中国与西方国家虽然路径不尽相同，但总体上都存在一定程度的制度化、体系化、科学化、阶段化倾向。

与西方发达国家相比，中国的拔尖创新人才培养也同样从早期入手，着力打通升学通道，贯通基础教育与高等教育的体系化培养，这些也是"拔尖创新人才培养"这一教育实践的真正含义与核心本质。虽然拔尖创新人才培养的"主阵地"在高等教育，但"大后方"却在基础教育。普通高中作为基础教育的重要组成部分，是拔尖创新人才早期培养的关键阶段。当前，如何从面向

极少数学生的选拔式集中培养转向面向全体学生的开放式多元培养，是普通高中拔尖创新人才早期培养应关注的重中之重。为此，普通高中学校必须在厘清"培养谁""培养什么""如何培养""为谁培养"等核心问题的基础上，明确拔尖创新人才早期培养在动力机制、选拔路径、课程体系、管理机制、支持系统、生涯指导等方面的实践策略，以告别空喊口号的"噱头"效应，真正实现拔尖创新人才的自主培养。

总之，拔尖创新人才的自主培养事关国家重大发展战略，也符合信息文明时代发展的潮流和当今世界经济全球化、文化多元化的趋势。学军中学怀有为党育人的紧迫感和为国育才的自觉性，一直本着"闯"的精神、"创"的劲头、"干"的作风，积极探索拔尖创新人才培养路径。

## 二、人才培养屡创佳绩，交流分享引领示范

在顶尖高校的大力指导下，在全体学军人的努力奋进下，近年来，学军中学拔尖创新人才培养硕果累累，尤其数学、物理、化学、生物学和信息学五大学科竞赛成绩屡创佳绩，领跑浙江，闪耀全国：连续六年五大学科竞赛一等奖人数浙江省第一；连续六年省队人数浙江省第一；连续六年国家集训队人数亮眼，总人数浙江省第一；截至2024年，入围四期清华大学丘成桐数学科学领军人才培养计划的共43人，蝉联全国第一；入围北京大学物理"卓越计划"和清华大学"攀登计划"的人数全国领先；2022年，一个夏天揽入两枚国际金牌。

除五大学科竞赛外，学校在机器人、无人机等国际性、全国性科技创新大赛中屡获佳绩。2021和2023年，学军学子在VEX赛项高中组夺冠，两次拿下世界机器人大赛全国冠军。我校黄海容同学获第74届国际科学与工程大奖赛嵌入式系统学科的三等奖，他是本届比赛该学科唯一获奖的中国队选手，也是杭州市在

本次大赛唯一获奖的中学生。学军学子也在全国创新作文大赛、英语能力大赛、文化遗产保护大赛等文科竞赛中表现突出，各个领域的拔尖创新人才济济一堂。

辉煌的拔尖创新成绩也得到了顶尖高校的充分认可，学校领导和竞赛教练频频受邀参加顶尖高校的拔尖创新人才培养活动。在这些活动中，学军中学积极分享心得经验，对全国很多中小学的拔尖创新人才培养起到了引领示范作用。

## 三、大中贯通衔接培养，专家指引前沿领航

杭州学军中学的拔尖创新人才培养既向"下"看，关注对义务教育阶段的深化拓展，又注重顾"上"，为高等教育学习打基础。在学校拔尖创新人才培养过程中，顶尖高校的大力支持发挥了重要作用。

学校是清华大学"基础学科拔尖创新人才大中学衔接培训试点基地"、北京大学"博雅人才共育基地"、浙江大学拔尖创新人才培育基地、上海交通大学"创新人才培养一体化伙伴中学单位"、复旦大学"中学学术实践基地"。除了帮助我校建设创新实验室、为学生提供课外拓展课程外，五所顶尖高校和其他名校的领导、院士、学者、教授时常下沉到学军中学，为学生开讲座、讲科学、拓思维，播科学的种子。仅以清华大学为例：清华大学党委常委、副校长杨斌曾亲临我校，做题为"风物长宜放眼量"的精彩演讲，为我校师生开视野，扩胸襟，启真知；原清华大学副校长薛其坤为我校做题为"胸怀祖国放眼世界，誓做新时代的奋进者"的讲座，激励我校师生做建设者、奋斗者，赤子之心，言辞切切；赫赫有名的清华大学丘成桐大先生有大情怀、大智慧，亲自为我校学生讲数学、描未来，并为我校挥毫题词：求大学问，做领军人，还亲自为我校颁授了丘成桐少年班的办班许可匾额；清华大学钱学森班创办首席教授郑泉水登上我校讲台，为我校学生做题为"钱

学森班与未来技术"的讲座，传大道，授大业，培大木，志为社稷栋梁；清华大学全球创新学院院长、博士生导师刘云浩围绕"图灵与人工智能"这个话题，以具体生动的事例、风趣幽默的语言为我校师生讲述了人工智能这一概念提出的契机，娓娓道来，谈科学，讲创新，向未来；清华大学经济管理学院教授、清华大学技术创新研究中心主任陈劲为我校学生做题为"培养改变世界的创新者"的讲座，推科学精神，立报国之志。清华教授的大家风范、大师情怀、凡人作风、科学家精神，让学军园里暖风习习、树木茁壮。2023年5月21日，清华大学全国重点中学校长会议在学军中学举行，400多位全国重点中学校长齐聚学军，这是对学军中学的充分信任。清华大学原校长王希勤在会上做了题为"突破利基，融通中外"的重要讲话，为我校和全国各知名中学的拔尖创新人才培养指明了重要方向。

2023年，也有多位其他高校的学术大咖莅临，极大推进了学军中学的拔尖创新人才培养。3月14日，复旦大学原副校长徐雷一行莅临学军中学，关心学军中学办学，并期待两校在拔尖创新人才培养上的进一步合作；3月20日，中国科学院院士、西湖大学校长施一公莅临学军中学，为师生们带来一场有关科学与梦想的精彩演讲；5月29日，北京航空航天大学校长、中国工程院院士王云鹏莅临学军中学并为同学们带来"从'浙'出发，向'北航'行"的精彩讲座；6月11日，北京理工大学原校长、中国工程院院士龙腾莅临学军中学并为同学们带来题为"新体制雷达，信息世界的千里眼"的精彩讲座。

有名校与学军中学共育，学军园将群星璀璨，拔尖创新人才的培养将驶入快车道。

## 四、探索完善培养路径，筑基助学注力铸魂

广厦始于基石，大道源于深耕。多年来，学军中学积极探索

完善拔尖创新人才培养路径。这一路径遵循全面的基础性、差异的适切性、衔接的连续性等原则。全面的基础性，即高中阶段的培养一定要注重基础性的全面培养，一个具有创新能力的人才，往往也应具有较为宽广的知识面，同时体现出不同专业领域知识的相互融合和跨越。差异的适切性，即要能识别不同潜能的学生，既有学校、教师、家长的外部识别，又有学生对自己兴趣潜能的内部识别，同时，也要为学生提供多元化的课程选择和资源支持。衔接的连续性，即除了学段上的衔接外，要重视学校与家庭、社会的协同培养，积极把家庭和社会资源，包括高校、科研院所、社会高端实验室、科技场馆等资源转化为校内育人资源，为人才培养提供支持。

有了几大原则的指引，学军中学逐渐形成了具有学军特色的"筑基—助学—注力—铸魂"这一拔尖创新人才培养路径，近年来学校拔尖创新累累硕果的取得也与这一路径密不可分。

筑基——全力打造人才培养优势平台。学军中学拥有以国际数学奥赛著名金牌教练边红平、国际信息学奥赛著名金牌教练徐先友、亚洲物理奥赛著名金牌教练方润根、国际化学奥赛著名金牌教练姚琪、黄山为代表的顶级教练阵容，也有毕业于清华大学、北京大学等顶尖名校的青年才俊，构成了浙江省内最完整、最成熟的竞赛教练队伍。学校成功承办过全国数学、物理、信息学奥赛决赛，与全国多所竞赛名校有紧密的交流合作。学校又是清华大学、北京大学、复旦大学、上海交通大学、浙江大学等顶尖高校的大中衔接人才培养基地，根据需要定期邀请专家学者做科学指导，进一步提升学生解决问题的能力，大大拓展学生的视野。

助学——注重匹配性和一体化的培养。教育哲学中有一个非常重要的原则，即教育提供的学习资源和机会必须匹配不同学生的学习能力。学军中学针对优秀学生的"先修课程"便是匹配性的培养体系。课程涉及不同领域、学段、学习层级，允许学生按照自己的兴趣爱好，从学术"菜谱"中任意选择喜爱的"佳肴"。

通过提供匹配个性发展的资源和机会，有效提升教育质量，开展人才培养。这样的模式不仅为大学输送了一大批出类拔萃的"最强大脑"，也有助于学生进入大学后，在更加宽松的教育氛围和灵活自由的学习环境中继续"滚"大知识雪球。

注力——发挥引领示范作用。学军的竞赛教练们有极强的专业精神和终身学习的精神，对自我提升孜孜不倦；教练们还有爱徒如子的敬业精神，甘为人梯、以校为家、时刻陪伴，深夜十一点的灯火是一种常态；他们也总是有充足的干劲，激情四射，让每个学生都精神饱满；他们注重身体素质，亲自带领学生跑步，使学生拥有健康体魄。身教胜于言传，对同学们的一生影响至远。竞赛生还有一群志同道合的"战友"，互相切磋鼓励，优势互补，同频共振，行稳致远。优秀的同学们在一起相互分享促进，共同进步，走向成功。

铸魂——激发内驱迎接挑战。学军中学教练团队有个理念：学生在国内、国际大赛上摘金夺银不是终极目的，让学生拥有内驱力、学会创造才是不懈追求，这群聪明的孩子一旦内驱力被激发，便会展示出无限的智慧和无穷的力量。但这是一个庞大而复杂的工程，除了日常交流谈心，教练们还帮助学生制定学习规划，进行个性化时间管理指导，而且不断鼓励学生迎接新的挑战。在学军，挑战性的学习任务既激发了学生的学习动力，也使学生获得了更多学习和成长上的满足感和成就感。

这条高效的培养路径也借助于学科教育的重要育人功效，切实发挥了学科教育在拔尖创新人才培养上的主导作用。为了更好地助力拔尖创新人才培养，除继续深耕课堂、提升课堂教学效率、构建学科教学体系和课程体系外，学军中学还积极探寻培育学生学科素养的新方法，逐渐开辟了一条系列化、立体化、社会化、深切化的新路径——学科活动。丰富多彩的学科活动，既是对学科课堂智育功能的生动拓展，又进行了体育、劳育方面的有效补充，还进一步诠释了各学科之"美"，传递和培育着各学科教育的价值观念。学科活动的开展，是学军中学培育学生核心素养的新方式，也是助力拔尖创新人才培养的新路径。

## 五、教育共富引领示范，携手共赢拔尖创新

志合者，不以山海为远。学军中学在追求自身高质量发展的同时，也有着助力教育共富的使命担当。近年杭州市公布了教育共富先进集体，学军中学作为唯一的一所学校名列其中。杭州市内的学军中学集团校已经达13所，办一所强一所，享誉杭城，为杭城老百姓提供了更多优质教育。学校也突破市域帮扶，与嵊泗中学、庆元中学等12所浙江省内边远地区的学校结对，携手帮扶，助力县中崛起，打造教育新气象。我校还积极帮扶西藏、贵州、四川、新疆、陕西等西部省份、自治区的多所学校。在帮扶和引领这些学校的过程中，学军中学也积极发挥在拔尖创新人才培养上的示范作用。

在五大学科竞赛教练的素养提升和新进教师的入职培养上，学军中学给予了各校诸多支持。在学军中学的支持帮助下，各校开设了"学军班"，学军中学名优教师和竞赛教练定期到"学军班"授课，开展学法讲座，进行个性化学法指导和生涯规划指导，"学军班"的孩子们在当地就可享有省会杭州的很多教育资源，亦可直接学习学军中学特色且优质的教育基因。

在学军中学的积极引导和大力帮扶下，各学校拔尖创新人才培养取得了丰硕的成果。苍南中学、天台中学、江山中学、常山一中、严州中学等校在学军中学的帮助下，充分借鉴了学军中学在五大学科竞赛和科创比赛上的成功经验，优化了拔尖创新人才的培养机制，学科竞赛逐渐取得新突破。天台中学、严州中学等校已有学生获得奥林匹克竞赛金牌甚至进入国际集训队；其他帮扶学校也有多位同学在学科竞赛中获得浙江省一等奖。苍南中学、玉环中学、江山中学每年有数名同学升入清华大学、北京大学，人数呈现上升趋势；天台中学升入清华大学、北京大学、浙江大

学的人数逐渐增加；武义一中、平湖高级中学升入浙江大学的人数有显著提升；常山中学连续十多年未有升入北京大学、清华大学的学子，与学军中学合作伊始便实现了多年来清北零的突破。

学军中学还积极与镇海中学、温州中学等省内兄弟学校，成都七中、深圳中学、重庆巴蜀中学、长沙雅礼中学、厦门双十中学、青岛二中等全国名校在拔尖创新人才培养方面进行交流互进，各兄弟学校对学军中学的培养体系和培养路径给予了高度评价。

学军中学还勇挑重担，开启杭州教育"学校领跑者"首场论坛。浙江大学教育学院副院长孙元涛，清华大学行健书院副院长、钱学森班荣誉学位项目执行首席、深圳零一学院联合创始人徐芦平，北京大学教授、科技部国家重点研发计划首席科学家、国家杰出青年科学基金获得者方哲宇作为特邀嘉宾参加论坛。邱月灵校长、边红平校长与几位高校领导、专家共话教育共富背景下的拔尖创新人才培养。"时代楷模"、我校老校长陈立群，以及市教育局直属学校校长参与活动。通过本次论坛，学军中学为杭州市拔尖人才创新培养工作做了良好示范。

论坛上，邱月灵校长热情分享了拔尖创新人才培养的学军实践：最重要的是顶层设计，这是起点，也是学校的教育哲学所在，"学军"二字，就要求大学问，做领军人，铸就"领军"品牌。近年来，在这一思想指导下，学军中学着力设计科学周密的教学计划，构建系统而多元的课程体系，打造一支具有"三特三大"品质特征的"四有"好老师队伍，充分利用优质社会、高校、校友资源，多管齐下、凝聚合力，助力拔尖创新人才培养。邱校长的分享给予与会杭州各高中很大启示。

## 六、人才培养钻之弥坚，高质发展强国有为

虽然杭州学军中学已经建立起一条相对完善的富有学军特色的拔尖创新人才培养路径，近年来也取得了丰硕成果，但还有很

多不足之处，拔尖人才培养仍旧任重而道远。接下来，学校将在培养过程中着力引导学生进行正确的价值选择：平衡好社会价值导向和个体发展需求、功利目标与真实兴趣爱好、近期发展与长远目标之间的关系。

不负国家志，强国当有为。现在已到了拔尖创新人才自主培养的关键时期，学军中学会继续全力培养具有爱国情怀、责任意识、创新精神、实践能力又堪当民族复兴重任的时代新人。在新的历史征程中，学校也将致力于做优质教育的深耕人，在拔尖创新人才培养的探索中钻之弥坚，力争做美好教育的远播者，在教育高质量发展的奋斗之路上一往无前！

# 新时代普通高中育人方式改革的审思和探索

朱 焱

**作者简介：**

朱焱，南京市第一中学党委书记，正高级教师，江苏省特级教师，"苏教名家"培养工程、江苏省"333高层次人才培养工程"培养对象，教育部新时代中小学名师名校长培养计划（2022—2025）培养对象，南京市名师工作室主持人；曾获江苏青年五四奖章、江苏省有突出贡献中青年专家、江苏省优秀教育工作者等称号。

**办学理念：养真气、求真知、做真人**

随着社会的高速发展和科技的不断进步，社会对人才的需求也在发生根本性的变化，对人才创新精神、创新思维、实践能力和社会责任感等综合素质的要求也越来越高。国务院办公厅《关于新时代推进普通高中育人方式改革的指导意见》提出，要"强化综合素质培养"，指向学生的"创新思维和实践能力，提升人文素养和科学素养"。这不仅对普通高中教育改革发展提出了明确要求，强调要全面贯彻党的教育方针，培养德智体美劳全面发展的社会主义建设者和接班人，坚持为党育人，为国育才，更为新时代普通高中教育改革指明了方向，要求普通高中教育必须与时俱进，改革育人方式，以适应经济社会发展对人才的需求。

新时代普通高中育人方式的改革，需要普通高中集体担负起一个任务，回答好一个问题，探索出一些办法。这个任务就是"建设教育强国"，这个问题就是"高质量基础教育体系在学校层面的逻辑构成和实践路径"，归根结底，要聚焦在"育人方式改革的立体构建"上。创新育人方式，既是改革的目标，更是改革的方法。

南京市第一中学（以下简称南京一中）作为一所办学历史悠久、发展基础雄厚、教育成果丰硕的普通高中，近年来积极响应国家号召，以国家级课题为引领，全面开展育人方式改革的理论研究与实践探索，建设品牌课程，打造实践平台，培养创新人才，形成了具有自己特色的育人方式改革新思路与新实践。

## 一、新阶段：内涵与特色亟待快速发展

2021年，国家发展改革委员会在对"十四五"规划的"加快建设高质量教育体系"部分进行解读时，认为"十四五"时期教育改革发展面临着许多新的机遇和挑战，指出"我国教育与经济社会发展需求还不够契合"，"人才培养模式改革需要提速，教育创新与服务潜力尚未更好释放"。其中，特别需要关注的是"提速"两个字。类似的表述还出现在2022年党的二十大报告中，如"加

快建设教育强国、科技强国、人才强国"等。

党中央、国务院和有关部委近五年来密集出台的一系列文件都在指向一个重大任务，那就是十九届五中全会提出的到2035年建成教育强国。国务院办公厅于2019年印发《关于新时代推进普通高中育人方式改革的指导意见》，指出改革目标是"到2022年，德智体美劳全面培养体系进一步完善"，"普通高中多样化有特色发展的格局基本形成"；中共中央、国务院于2020年印发《深化新时代教育评价改革总体方案》，提出"完善立德树人体制机制，扭转不科学的教育评价导向"，"引导全党全社会树立科学的教育发展观、人才成才观、选人用人观"；教育部等部门于2023年出台《关于实施新时代基础教育扩优提质行动计划的意见》，明确指出将组织"实施普通高中内涵建设行动，促进优质特色发展"。

通过以上时间轴的梳理，我们发现，普通高中自2010年的教育体制改革试点项目"普通高中多样化有特色发展试点"项目之后，试点和推广"多样化有特色发展"的阶段性历史任务已经在2022年基本完成。自2023年《关于实施新时代基础教育扩优提质行动计划的意见》提出开始，普通高中教育发展正式进入"内涵建设"和"优质特色发展"阶段。育人方式的改革是其中的应有之义，与之并行的还有办学模式、管理体制、保障机制的改革。因此，在2023年前后这个时间节点，最需要探讨和实践的就是如何在符合规律的前提下，加快速度、加大力度着手于育人方式的系统改革。尤其在拔尖创新人才的早期培养上，我们更需要在理念层面和实践层面迅速做出符合时代需求、顺应科学规律的回应。

## 二、新话题：继承与创新考验治理能力

一方面，拔尖创新人才培养其实不是一个新话题。

在国际上，类似的名称有"英才教育""资优教育"等，不少国家也跟进出台了国家层面的法律、计划和行动，有的国家还

建立了专门面向天才儿童的学校。1978年，我国在中国科技大学试办少年班，选拔一批十四五岁以下的优秀少年进行特殊培养。在基础教育阶段，最早的实验自1985年开始，北京育民小学、北京八中开设超常教育实验班。实验班的学生4年完成小学课程，10岁左右进入中学，14岁进入高中。这是一种典型的面向超常智力的学生、缩短学制加速学习的培养方式。随后，人民大学附属中学、上海中学等都开始以不同方式进行早期培养的探索。

早在2002年党的十六大报告中，就从国家战略层面提出"拔尖创新人才"培养，之后，这个词语成为政策文本的高频词、教育领域的焦点议题。2009年，教育部联合中组部、财政部启动"基础学科拔尖学生培养试验计划"（简称"珠峰计划"），涉及北京大学、清华大学等11所高校的5个学科。这项计划是教育部应国内多位教授所请，回应"钱学森之问"而出台的一项人才培养工程。几乎同一时期制定的《国家中长期教育改革和发展规划纲要（2010—2020年）》也明确提出：我国要"创新人才培养模式"，"遵循教育规律和人才成长规律"，"探索多种培养方式，形成各类人才辈出、拔尖创新人才不断涌现的局面"。

另一方面，我们要推动拔尖创新人才培养成为一个新话题。

首先，拔尖创新人才培养的思路可以延续，但不能简单复制；其次，拔尖创新人才培养的方式亟待突破，特别需要政策引领和科学研究。那么，针对这个新话题，我们可以提出的具体问题有：①被证明有明显成效的过往的人才培养模式应在哪里求新求变？（涉及继承与发展的关系）②我们在人才培养模式上另辟的新赛道在哪里？（涉及改革与创新的关系）③我们在推进和探索的过程中必须直面的疑惑或者挑战是哪些？（涉及凝聚共识与治理能力的关系）

总的来说，以往的"先破后立"或者"边破边立"的方式明显都不适用，选择"先立后破"的道路可能更加符合新形势下的新要求。

## 三、新共识：态度与认识需要明确清晰

面对新时代的新话题以及我们对于基础教育的责任，我们应该形成更加明确和清晰的态度和认识：拔尖创新人才早期培养是着力造就拔尖创新人才的基础工程。也有人对此提出各种疑问，比如：基础教育阶段能否提"拔尖人才的培养"，是不是太高了？基础教育阶段做拔尖人才培养，就是掐尖抢生源，是不是有悖教育公平？

事实上，我们应该更深刻地领会中国化、时代化的马克思主义理论所坚持的问题导向和系统观念，旗帜鲜明地提拔尖创新人才早期培养的要求，因为这是党赋予教育的新使命、新任务。我们应该理直气壮地做拔尖创新人才早期培养的工作，因为既然要锁定有特别潜质的青少年，就必然牵涉到"甄选""识别""发现"等，不能因为需要选择学生、选择出来的学生在学业表现上优于其他学生，就主观上认定这是"掐尖""抢生源"。我们应该求真务实地开展拔尖创新人才早期培养的科学研究，尤其在甄别、选拔和评价上，需要科学研究。中国式教育现代化是一个庞大的系统建构，人才培养是其中的重要内容，形成拔尖人才培养的中国标准、中国模式和中国方案需要科学研究的高位引领。

## 四、新实践：协同与创新推动改革实践

南京一中向来都有敢为人先的精神和勇气。当前，学校正在以创建江苏省高品质示范高中为契机，开展拔尖创新人才早期培养工作的探索。如果用一个词来描述我们的基本思路，那就是紧紧抓住"协同"这个关键词。对内强调构筑育人"生态圈"，调动整合学校内部的各要素，指向共同目标的实现和整体价值的最优化；对外强调构建培养"共同体"，加强高中学校与大学、科研院所、国家实验室、高新企业等的协同，指向课程资源和学习方

式的丰富性和创新性。此外，在内部指向的生态圈和外部指向的共同体之间，不是各自为政、独立运行的系统，而是始终保持一种开放共享共进的状态，协同推进育人目标的实现。

这种"协同"具体表现在：①融合，指的是跨学科融合、多种学习方式聚合，例如：学校建立了物理、生物学、地理三大课程基地，成立了江苏省中学物理实验创新研发中心，聚焦现代技术的高中物理实验创新研究，为全省高中物理实验教学的改革提供新的资源库、新的教学样态和新的评价模式；②贯通，指的是向上与高等教育衔接，向下对义务教育辐射，开展课程共享、平台共建、人才发现和选拔以及育人成效评价，例如：与东南大学合作开展"数理人才贯通培养实验项目"，与南京航空航天大学签署"科学课程群基地"共建协议，开发面向高中生的航空科技类课程；③融通，指的是打开校门、跳出教育，充分实现科教融汇、职普融通，利用更多社会资源和家庭资源，进行多方协同，例如：学校设立武向平院士科普工作站，使学生有机会获得关于中国天眼项目的前沿动态，学校因此培养了一批具有跨学科实践能力的物理、地理等学科教师。

## （一）小课堂、大育人——"院士 1 课堂"的突破

截至 2024 年 12 月，南京一中"院士 1 课堂"已经举办了 40 余期，天体化学家欧阳自远院士、天体物理学家武向平院士、雷达专家贲德院士、"天问一号"总设计师孙泽洲、天体物理学家常进院士等 20 位科学家相继开讲，数万人次学生在线上线下聆听参与，产生了较大的社会影响。在讨论和设计"院士 1 课堂"项目时，我们就计划做一个开放的课堂。

"院士 1 课堂"不是简单意义上的讲座，它实现了三大突破。一是师资上从"为我所有"到"为我所用"，每一位科学家都受聘为学校的"崇文导师"，并被有序安排到学校的各个班级，实现班级管理的双导师制；二是课程思政理念与学生发展指导课程的整体融入，每一位科学家的成长史就是一个献身科研、立志报

国的奋斗故事，每一位科学家的前沿研究领域都是学生们未来可以选择的发展方向；三是课程资源的丰富和拓展，"院士1课堂"有具体的课程目标、课程实施计划和评价标准，强调课程实施的规范性。

### （二）小院士、大实践——"江苏少年工程院"的协同平台

"江苏少年工程院"由江苏省工程师学会与南京一中共建，致力于培育实践创新的工程师文化，探索青少年科技特长的培养和创新潜质的培育。该平台以项目化学习为主，面向全省中学生开展"崇文少年科学行"活动，由科学家、工程师、研究生等带领学生参加讲座、科技研学、项目研究和国家重大项目。平台建立"小院士"成果评价机制，学生在2年时间内获得18学时的学分、完成3个科学学习或研究的任务并通过由5名院士专家组成的评审团答辩后，可获得江苏少年工程院"小院士"称号。目前，已有41名来自全省的"小院士"种子参加江苏少年工程院的"崇文少年科学行"活动。这是以南京一中为基地、聚力拔尖创新人才发现识别和早期培养的重要平台，也是开展有关拔尖创新人才早期培养研究的重要依托，融实践性、研究性于一体。

### （三）小班化、大贯通——数理人才贯通培养实验项目的机制

"数理人才贯通培养实验项目"每年面向全市招收40名学生，单独编班，整体培养。这是南京市开展基础学科拔尖人才早期培养的一项重要举措，由清华大学丘成桐教授亲自指导，为那些对数学、物理等基础学科有浓厚兴趣且高天赋的学生提供"分组"（独立成班，专门培养）和"充实"（个性化学习、差异化教学，提供广泛的学习支持）相结合的教育模式。同时，加强双高合作（高校+高中）的一体化贯通式培养，尤其是在课程设置、课堂教学、学习方式、评价机制、学生指导等方面进行贯通式整体探索。

2023年成立了首届"丘成桐少年班"。

### （四）小课题、大研究——用科学研究推动实践探索

开展拔尖创新人才培养特别需要对人才的发现、识别、培养、评价等进行系统的研究。2014年，学校成功立项国家社科基金课题"普通高中学生科学素养发展的研究"，着力研究学生科学素养的要素构成和培养路径等。2022年，学校再次成功立项国家社科基金课题"新时代普通高中科技创新后备人才培养模式研究"，成为较少连续获批此项高级别课题的高中学校之一。此外，一系列省市级相关研究项目纷纷立项，"普通高中厚植科学精神的创新人才培养的实践探索"入选江苏省前瞻性教改实验项目，"指向全人的科学教育"入选南京市前瞻性教改实验项目。2022年，学校还成为江苏省前瞻性教学改革研究重大项目"江苏基础教育高质量发展体系的内涵、重点与实施路径研究"的实验校，具体承担关于构建创新人才培养课程矩阵的研究。

## 五、新未来：使命与责任改善育人环境

着力造就拔尖创新人才，是新时代教育发展的重要使命，需要更高层面、更大范围的整体设计和谋划，需要更加细致、更为严谨的科学研究的支撑和指导，需要更多打破常规、打开局面的创新实践。人才培养不能单打独斗，育苗固然重要，培土更为关键；育才固然重要，育人更为根本，应该让整个基础教育阶段形成拔尖创新人才早期培养的共识，建成因材施教的体系，让人才苗子不断涌现，让不同才能的人脱颖而出。

# 教育的高质量与人才的高品质

## ——合肥一中加强创新人才早期培养的路径

封安保

**作者简介：**

封安保，合肥市第一中学党委书记、校长，工程硕士，高级教师，安徽省物理特级教师。国家乡村振兴重点帮扶县教育人才"组团式"帮扶工作专家顾问委员会委员，安徽省物理学会常务理事，合肥市名校长工作室主持人，合肥市中学物理特级教师工作站站长。

办学理念：全面施教，广育英才

## 一、研究背景

党的二十大报告明确提出,要"全面提高人才自主培养质量,着力造就拔尖创新人才,聚天下英才而用之"。在这里,"人才自主培养质量"的重要量度就应该是"教育的高质量","拔尖创新人才"的培养标准就应该是"人才的高品质"。全面推进教育高质量发展是拔尖创新人才培养的主阵地和主渠道,拔尖创新人才培养是全面推进教育高质量发展的切入点和突破口。高质量基础教育最直接、最明显的标识就是高品质人才培养,拔尖创新人才培养是一所学校彰显办学能力、实力、担当力的重要体现。

## 二、理论基础

合肥市第一中学(以下简称合肥一中)富有拔尖创新人才培养的历史主动性和教育首创意识。学校的前身庐州中学堂是李鸿章嗣子李经方于1902年创办的合肥地区最早的新式学堂,当时就设置了算学、理化等科技课程。学校在创办之初就秉承"扶助清寒、嘉勉英才"的办学理念,旨在培养可以担当民族振兴重任的时代英才。120多年来,学校始终与时代同频共振,紧跟国家和社会需求,着力培育和造就各领域的拔尖创新人才,积极探索"英才"教育的实施路径,培养出了以杨振宁、刘盛纲、彭一刚、杨保华、张军、王启宁等科技英才为代表的数以万千的各领域、各行业拔尖创新人才,形成了"全面施教,广育英才"的办学特色。

学校始终致力于课程体系建设助力拔尖创新人才培养的探索。学校是2006年安徽省第一批高中新课程改革的样本校,经过10年探索,学校建立了基于学生核心素养的"七彩课程"体系,其中以培育学生科学与人文素养为目标的"学术课程"渐趋完善,"学术课程"包括人文社科类学术课程、物理工程类学术课程、生化环境类学术课程等,为学生打开了一扇亲近基础学科、深度了解基础学科的窗户。

学校长期致力于发挥科技创新活动的引领和示范作用。2013年4月，学校联合中国科技大学、安徽省青少年科技活动中心、合肥市创造学会举办安徽省初中生科学探索夏令营，此后还举办了多届。夏令营活动发挥了科技教育的辐射引领作用，激发了参训营员参与科技创新活动的热情，提高了他们的创新实践能力。学校于2002年开展的合肥市高中学校机器人专项训练活动现在已经成为合肥市中小学的重要科技赛事。学校机器人队创造了连续五次全国问鼎的历史，VEX机器人项目连续五次获得赴美参加世锦赛的资格。自2003年合肥市设立"青少年科技创新市长奖"以来，100多名获奖学生中近50人来自合肥一中。

学校积极探索拔尖创新人才教育教学管理模式的有效路径。学校认真学习"强基计划"的培养要求，积极探索如何发挥高中在基础学科拔尖人才成长中的奠基作用，于2020年4月提出高中与高校"强基计划"对接的培养方案。经上级批准，学校按基础学科数学和物理进行招生，创办强基实验班。侯健坤同学于高一阶段成为清华丘成桐数学领军人才计划首届学子；丁卓立同学夺得国际物理奥林匹克竞赛决赛金牌，填补了安徽省该项赛事的空白。2022年2月，习近平总书记主持召开中央全面深化改革委员会第二十四次会议时强调，要全方位谋划基础学科人才培养。学校及时聚焦国家推动高等学校和中学联合培养基础学科拔尖人才常态化、制度化的重大战略需求，与中国科学技术大学共同搭建跨学科、跨学段合作的新型高端育人平台——"杨振宁班"。"杨振宁班"开设以来，着力优化创新人才培养的贯通机制，激发学生的创新思维，提高拔尖创新人才的培养水平。一年多来，该班级有7名同学入选"中学生英才计划"；4名同学通过中科大少年班和少年班创新班选拔；多名同学入选数学、物理、信息学奥林匹克竞赛省队，获全国中学生地球科学奥林匹克竞赛金奖。

## 三、实践路径

合肥一中始终秉持拔尖创新人才培养的本位坚守与自我超越。学校"全面施教，广育英才"的办学理念有着丰富的教育内涵，"全面"是指德智体美劳的"全面"教育、贯通三年的"全程"教育、人人有责的"全员"教育、后勤保障的"全力"教育；"施教"指的是教育的创造性实践行为，它指向的就是教育的高质量；"广育"指的是受教学生类别与层面的"广泛性"、学生受教时间与空间的"广阔性"、教育管理与资源配置的"广开性"、学生教育与评价标准的"广元性"；"英才"指的是在各个领域非常优秀或拔尖的人才，它指向的就是人才的高品质。

在长期的教育探索实践中，学校形成了"一核三轴"的拔尖创新人才早期培养体系：以"立德树人"为核心，通过价值引领、机制贯通、课程奠基三个"轴心"的咬合转动，实现对具有拔尖创新潜质的学生的培育和引领。

### （一）价值引领，固本培元，启动精神引擎

科学没有国界，科学家有祖国。合肥一中把家国情怀和使命担当作为培养拔尖创新人才的前提条件，通过"榜样示范激励""红色基因传承""课程思政建设"三个维度综合推进，把树立民族复兴的理想信念融入拔尖创新人才的培养中。

学校注重通过榜样的力量引领学生成长，通过杨振宁、张军等科学家校友为祖国科技事业无私奉献、追梦圆梦的事迹，"七一"勋章获得者、李大钊之孙李宏塔校友赓续红色传承的佳话，引导学生怀抱使命感，投身科技学习中去，从而形成持久而有力的内生动力。"杨振宁班"学生深入了解杨振宁校友的科学成就与事迹、深度领会他"感动中国人物"的颁奖词，不仅敬服他"站在科学和传统的交叉点上，惊才绝艳"的学术地位，更感佩他"与国家一起向未来"的奉献情怀，"向'杨'成长，科技报国"成为这个优秀集体共同的奋斗目标。

浇花浇根，育人育心，育人之本，在于铸魂。学校依地开源，利用渡江战役纪念馆等爱国主义教育基地开展"学党史、知党恩、跟党走"红色研学主题教育活动，使学生深刻领会：爱国，是至高无上的品德，是民族的灵魂。学校通过深入推进课程思政建设，挖掘课程德育元素，在知识传授过程中实现价值引领，构建全员、全程、全课程育人格局。比如举办"学习贯彻党的二十大音乐思政课"，用音乐讲述中国共产党从革命、建设到改革光辉历程和取得的伟大成就，将思政融入音乐，以音乐激荡思想，激发学生的青春使命与担当意识。

### （二）机制贯通，定向前行，注入学业动能

从拔尖创新人才成长的阶段来看，高中属于"早期培养"阶段，基于高中学习时段特征，合肥一中将拔尖创新人才的培养定位于奠基和助力，努力做好四"发"：发现潜质、发展潜能、引发兴趣、激发志趣。学校一方面致力于做好面向初中教育衔接的"培"的引领工作，另一方面致力于建立面向大学教育奠基与贯通的"养"的奠基机制。

**1. 建立高中与初中的衔接培养交流机制**

学校每年举办初高中"接力前行"校长高峰论坛，邀请合肥市初中学校校长参与初高中衔接教学研讨，介绍学校"七彩课程"建设情况以及独具特色的拔尖人才早期培养做法。学校从生活指数、运动指数、心理指数、学习指数、参与指数、领导指数、创新指数七个维度得出《合肥一中学生发展指数》报告，通过由各项指数构成的图表，介绍学生全面成长与特长发展情况。除此之外，学校还组织高中学科竞赛教练、学科骨干名师到初中学校开展讲座与教学；开放学校科创中心STEAM课程资源，邀请初中生到学校实地参观学习。

**2. 建立高中与大学的协同培养和学习贯通机制**

学校与著名高校保持常态化密切联系，邀请专家、教授定期为有学科兴趣和潜质的学生授课指导，打通与高校的学习资源通

道，建构包括"图书自修""云课学习""创新实践""分组研讨"等特长学习支撑方式。学生可以根据自己的兴趣特长，申请进入相关大学与博士、硕士一同学习和研究，学校根据学生兴趣和能力水平，推荐其参加"英才计划"等青少年科研项目。基于高中在初中与大学之间的"接力"属性，学校建立了"三阶"基础学科学习贯通机制：贯通基础学科知识储备体系，深化学生对基础学科的认知度；贯通科研能力训练体系，培养学生的科研创新潜质；贯通基础学科核心课程体系，提升学生的学科核心素养。通过三个阶段的学习，帮助学生明确学业发展方向，坚定学业选择。

### （三）课程奠基，分志分趣，打造成长载体

2020年以来，学校以创建"双新"国家级示范校为契机，以培育拔尖创新人才为目标，致力于开发并整合基于拔尖创新人才培养的各类课程资源。学校立足课程建设的主体要素，开发了兼具广度与深度、前瞻性与多元性的"基础+特色""自主+拓展"的学科拔尖课程体系，以满足拔尖创新人才"分层、分趣、分志"的成长路径选择，发挥课程作为学习动力引擎的作用。学校相应构建了"一体化协调、书院化管理、项目化教学"的拔尖创新人才教学管理体系，着力培养学生的创新特质、批判资质、博雅气质和社会关怀品质，为培养有志于服务国家重大战略需求且综合素质优秀、基础学科拔尖的人才奠定基础。

**1. 开设基于"分志"的学科（竞赛）课程**

学校从一个渐进维度定义学科课程价值：基于个性需求、开拓学科视野、提升思维能力与锤炼意志品质。在组织实施上采取"三分"推进策略：分科培训，关注类型；分层指导，关注个性；分段授课，关注过程。同时辅以多维度的助学举措：以赛促学，以赛评教；以会统识，以会聚力；学长领航，接力传帮；奖励表彰，激发能量。

**2. 开发基于"分趣"的STEAM（创新）课程**

学校是较早开展STEAM（创新）课程教学探索的学校，致力于将各领域的知识通过综合的课程结合起来，加强学科间的相

互配合，发挥综合育人功能，让学生在综合的环境中学习，在项目活动中运用多个学科的知识解决问题。2019年，省教育规划重点课题"实施STEAM教育　发展学生核心素养"成功结题，并获安徽省优秀奖。

在开发实施流程上分为三个阶段：教师开发STEAM课程并填写供学生选课用的选课指南—学校在高一、高二年级开展STEAM课程选修由学生自由选报—以学期为单位固定每周节次开展STEAM课程教学。在具体实施过程中坚持"双扩"：扩大选课学生范围，高一年级所有学生都能选报；扩大内容更新速率，每学年授课必须用新的教学内容。

## 四、未来展望

面向未来，合肥一中需要在拔尖创新人才培养的智慧积聚、共生成长与美育浸润上下功夫。

### （一）构筑"中学＋大学＋学长"智慧支撑体系

学校要将拥有一支追求教育家情怀、彰显教育家风范的教师队伍作为智慧积聚的目标，致力于搭建"中学＋大学＋学长"的三"学"智慧支撑学习体系，发挥助学、领学、创学效能。"中学"就是学校自身打造的学科名师教练团队，重在夯基固本；"大学"就是延聘中国科学技术大学等高校专家学者组成的"导师团"，重在启迪拓展；"学长"就是邀请历届优秀校友组成的"竞赛学长团"，重在榜样引领。三种力量从不同方面助推学生对指向未来的学科专业、职业乃至事业的认知，为卓越发展增智赋能。

### （二）打造"学习共同体＋成长共同体"发展场域

把建立"学习共同体＋成长共同体"发展场域作为创新班集体管理的载体和抓手。首先是打造"学习共同体"，积极探索共同学习互助小组制度，促进学生共同学习、互助辅导、互学所长，自主探究学科之美,激发兴趣潜能,主动追求卓越。其次是打造"成长共同体",坚守让学生"德有所成、学有所获"的目标,侧重培养学生自我管理能力,将自立共生注入学生的成长教育中,形成独具特色的学生自主管理模式。

### (三)实施"通识活动+学科融合"美育浸润行动

科学发现的重要动力之一就是科学之美,这与艺术和美育密不可分,学校要着力突出美育在培育拔尖创新人才过程中的重要通识作用,把美育纳入拔尖创新人才培养全过程。充分发挥美育的育人功能,以美育融合理念为引领推进美育实践活动,以活动为载体开发富有美育因子的校本课程。在落实课程中夯实美育载体,在学科融合中形成美育合力,积极探索"艺术基础知识、基本技能+艺术审美体验+艺术专项特长"的三维(三阶)教学模式,促进美育与德育、美育与智育、美育与体育、美育与劳动教育的相互融合。在校园文化中丰富美育内涵,提高学生审美修养。

## 五、结语

致知力行,继往开来。高中教育需要加强自身发展的历史主动性和教育使命担当意识,需要跨界赋新,不断探求教育高质量发展与人才高品质培养的新空间。这需要我们规避"内卷",帮助学生走出迷茫与困惑,做出自己的抉择,最终找到自己的生活和专业道路;同时葆有"裕度",保证学生学业成长的稳定性、安全性、可靠性,使学生最终获取终身持续发展的能力。学校是育人空间,要让每个教育行为都指向学生的未来成长。只有统筹做好"高质量发展"和"高品质培养",才有可能推动更大范围、更宽领域、更深层次、更加主动灵活的教育共生发展,从而为学生成长提供精神引擎和动力源泉,切实承担起"为党育人,为国育才"的教育重任。

# 科学选拔、敦笃育人
# 兴趣使然、因材施教

——西安交大少年班大学生培养的探索实践

杨 森

作者简介：

　　杨森，西安交通大学钱学森学院常务副院长，物理学院二级教授、博士生导师。享受国务院政府特殊津贴专家，国家级领军人才。

办学理念：爱国、奉献、求真、创新

党的二十大报告指出,要"全面提高人才自主培养质量,着力造就拔尖创新人才"。拔尖创新人才是新知识的创造者、新领域的开拓者、新技术的发明者,是引领科技创新与产业发展方向的关键力量,是人才资源中最宝贵、最稀缺的资源,在提升全球竞争力、把握未来发展机遇以及增强国家发展安全性等方面起着至关重要的作用。当前在探索拔尖创新人才培养的众多改革方向中,推动中学—大学衔接培养、构建基础教育与高等教育一体化贯通培养体系是一个重要领域,也是发现和培养超常人才,为国家高水平科学技术发展、破解"卡脖子"难题提供强大人才支撑的应有之义。

超常人才即在智力、学术能力、领导力、创造力、艺术、体育、动手操作能力等某一个或多个领域表现出卓越能力或具有发展潜力的儿童,作为人才资源中的"富矿",是国家拔尖创新人才培养的制高点。二十世纪三四十年代以来,美国、新加坡、德国、英国、韩国等国家就开始致力于超常儿童的培养。二十世纪五六十年代,美国通过《天才儿童教育法》、《杰维斯资赋优异学生教育法案》及其修正法案,对天才学生进行"严格筛选、好中选优、精心培养";1984年,新加坡颁布了《天才教育计划》作为指导其天才教育的纲领性文件,并设立了"天才教育处",自上而下地领导和监督天才教育的实施;1985年,德国政府视天才教育为国际竞争必要措施,专设"天才教育署",在大学开设天才教育课程等;2002年,韩国政府颁布《英才教育法令》,2007年,修订英才教育振兴计划,注重拔尖创新人才早期科学素质的培养;2018年,俄罗斯发布《教育发展纲要》,将由国家举办天才儿童竞赛活动,选拔和奖励各领域天才儿童。这些创新探索成为各国增强国际竞争力的重要着力点,有力推动了科学技术的进步和社会的快速发展。

我国超常人才培养起源于二十世纪七十年代。1974年,李政道上书周总理,提出从少年人才入手培养一支少而精的基础科学工作队伍。1978年，中国科学技术大学对接国家改革战略创办国内首个少年班。1985年，教育部批准清华大学、北京大学、西安交通大学等12所高校开展少年班招生培养试点，全面开启超常人才培养探索之路。根据研究表明，智力发展超常的人在儿童中的比例是1%~3%。2020年，我国0~14岁人口为25338万人（第七次人口普查数据），超常儿童的人数大约有760万。良好的超常人才培养基数优势，赋予各类高校、中学创新性教育探索与实践良好的土壤。但同时我们也看到，目前基础阶段教育面临一系列挑战：从学生成长的角度来看，应试压力与功利化倾向突出、极端事件与心理健康事故频发、综合评价与全面发展不完全匹配等问题不利于拔尖学生创新特质的早期萌发与探索精神的持续涵养；从人才培养的角度来看，早慧少年发现选拔难、基础—高等教育衔接难、因材施教方案设计难、心理与智力同步发展难等现状不利于形成成熟的超常人才培养体系。西安交通大学（以下简称西安交大）自1985年获批少年班招生试点以来，40年秉承"兴学、储才、强国"的教育使命，坚持"严入口、小规模、重特色、高水平"的精英教育理念，有效破解了基础—高等教育衔接带来的一系列难题，并对基础教育阶段面临的挑战进行了持续探索，构建了极具特色的"破格选拔，因材施教，发掘潜能，敦笃育人"的少年班英才培养模式。

## 一、回归教育本源——少年班人才培养理论基础

### （一）教育的初心与本质

"教育"一词最早见于《孟子·尽心上》："得天下英才而教育之。"《说文解字》诠释其含义，"教，上所施，下所效也；育，养子使作善也"。《大学》开篇说："大学之道，在明明德，在亲民，在止于至善。"

在科技飞速发展的时代，我们更应牢记教育的初心与使命。

教育的本质就在于"解放人，解放人的智力和心灵、思维和情感，而不是束缚人、压抑人和限制人"。教育的初心，是培养真正的人，是使人不断完善的过程。教育，不仅是知识的灌输，更是智慧的养成，是成风化人，是灵魂唤醒，是精神塑造，是人格发展，是生命的成全。

教育的最高境界是"因材施教"，价值塑造、知识传授、能力培养是其中最为重要的环节，通过教育的唤醒、赋能、传承三大内在特质，激发学生内在成长动力，进而为每一位学生提供更适合的个性化教育服务。这是人类的教育梦想，也是千百年来教育工作者不懈追求的最高境界，更是人类不断创新和发展的关键。教育是一种信仰，在科技发展日新月异的今天，我们要牢记教育的初心与本质，坚守教育使命，努力培养更多有理想、有担当、有智慧的优秀人才，实现个体的自我实现和社会的共同进步。

### （二）钱学森大成智慧教育

大成智慧学是引导人们尽快获得聪明才智与创新能力的学问，让人们在面对纷繁复杂的事物时，可以迅速做出科学、准确、灵活、明智的判断与决策，并能不断有所发现、有所创新。钱学森大成智慧教育基于钱学森对人才培养工作的长期实践与思考形成，对于拔尖创新人才培养具有重要的指导意义。

"大成"一词源于《礼记·学记》："九年知类通达，强立而不反，谓之大成。"钱学森大成智慧的核心就是要打通各行各业学科的界限，冲破人们习惯中的部门划分、分隔和障碍，让各科学技术部门之间都相互渗透、相互促进，因为人的创造性成果往往出现在学科交叉点上。大成智慧学就是教我们要总揽全局，洞察关系，从而做到大跨度地触类旁通，完成创新。

在钱学森提出的关于大成智慧教育学制的设想（见图1）和大成智慧教育发展的三个阶段中，钱学森强调8年一贯制的初级教育，4~12岁，打基础；5年高中+大学，完成大成智慧学习；

1年实习,成为一个行业的专家,写出毕业论文。他预想到21世纪,学生将4岁入学,18岁可完成硕士学业。在现行学制下,西安交大少年班学生硕士毕业年龄在23岁以下,比普通大学生毕业时间至少提前2年。

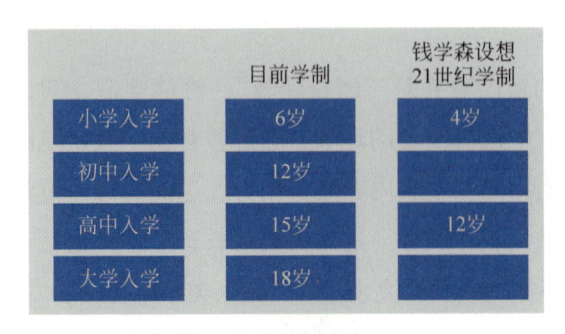

| | 目前学制 | 钱学森设想 21世纪学制 |
|---|---|---|
| 小学入学 | 6岁 | 4岁 |
| 初中入学 | 12岁 | |
| 高中入学 | 15岁 | 12岁 |
| 大学入学 | 18岁 | |

**图1　钱学森大成智慧教育学制构想**

### (三)钱学森现代科学技术体系

1993年,钱学森根据大成智慧教育中"量智与性智结合、科学与艺术结合、科学与哲学结合、逻辑思维与形象思维结合、微观认识与宏观认识结合"的思想精髓,提出现代科学技术体系。该体系包括自然科学、社会科学、数学科学、系统科学、人体科学、行为科学、思维科学、军事科学、建筑科学、地理科学、文艺理论11个学科部门,为构建学科之间紧密联系、相互渗透、相互结合的知识体系提供了有力指导,少年班人才培养课程与环节设计均深度参考了该体系。

## 二、释放英才天性——西安交大少年班人才培养实践

### (一)跨界协同:首创"基础—高等"教育有机衔接、"中学—大学"协同育人新制度

设置预科阶段,联合西安交大附中、苏州中学、南开中学、

杭州高级中学四所国内知名中学进行改革探索，实现"预科—本科"无缝衔接。统筹"中学—大学"基础知识、学科前沿、创新思维、特色通识等内容，借鉴40余套培养方案，形成涵盖"6门核心+25门个性化选修"的预科方案，有效衔接两级教育体系，编写6门24册预科教材，增设系统思维、创新训练等课程，打破知识界限，丰富体系内涵，健全预本衔接机制，定期组织专题研讨，推动培养质量精细化提升。

### （二）科学选拔：首创"两阶段四模块"的早慧拔尖人才甄选与评价模式

开创"现学现考、心智测试、小组面试"等创新选拔方法，形成早慧少年多元测评体系。通过笔试、面试、体能测试、心智测量相结合的方式，甄选综合能力强、科学素养好、创新潜能突出、体质心智健全的资优早慧少年。构建"少年班招生质量测评体系"，做好质量监控。

### （三）贯通培养：形成"基础—专业—创新"梯次推进的拔尖创新人才培养方案

突破传统教育观念和教育体制，实施"2+4+X"年学制的"预—本—硕/博"贯通培养模式，定制夯实基础、优化专业、注重创新的特色培养方案。专设基础模块、技术科学模块、专业课程模块、创新实践模块，量身定制不少于77学分的个性化与多样化的专业教育阶段培养方案，开设56门各类特色课程，为学生营造"不设天花板"的育人环境。

### （四）敦笃育人：建立"知识—能力—思维—品行"四位一体的全人成长的教育体系

培养少年班学生"修一等品行，求一等学问，创一等事业，成一等人才"。建立8个爱国主义教育基地、28个一流大学国际交流项目平台、大力弘扬西迁精神和钱学森精神，依托"四个一百"育人工程，全面拓宽学生视野，培育学生品行，提升学生综合素质。

## 三、从开花到结果——改革探索成效显著

### （一）提升学业绩效水平、优秀学子不断涌现

#### 1. 学业水平

少年班应届生比同龄学生"学业超前"3 年时间，在学习和就业方面均有明显的年龄优势。2010 年以来，少年班学生中继续研究深造、出国、进入世界前 50 名大学就读的比例是我校同期统招生的 1.62、2.21、2.86 倍，学生学业优势明显（见图 2）。

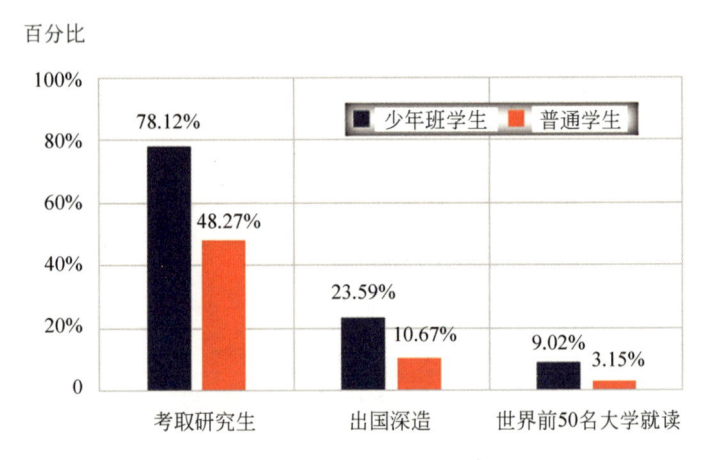

图 2　少年班学生与普通大学生学业绩效对比分析

#### 2. 创新潜能

《中国高教研究》和《复旦教育论坛》等期刊的最新研究显示：少年班学生在"学术多样性经历、个体创新行为"等方面的得分水平显著优于其他学生（见图 3）。2010 年以来，少年班学生在全国青少年信息学奥林匹克竞赛、数学建模竞赛、英语竞赛、机器人大赛等重大赛事上累计获奖 568 项，含国家级特等奖 8 项、一等奖 82 项，获奖比例为 33.3%，高于普通本科生 2.43 倍。

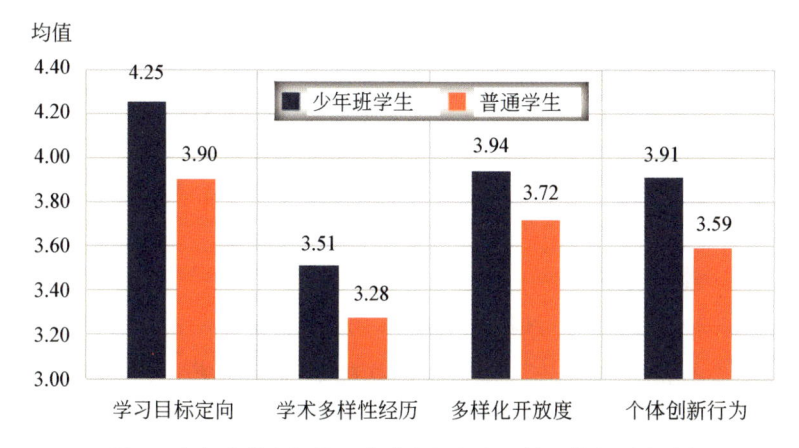

图3 少年班学生与普通大学生创新发展核心指标对比分析

### 3. 优秀校友

38年来,少年班共培养毕业生1700余人,毕业生分布至教育、科研等各个领域,大批优秀人才成长为所在领域的中流砥柱。少年班毕业生中,多达80%获得硕士或博士学位,众多校友在30岁左右就做出了令世界瞩目的成就。其中,5位校友入选"35岁以下科技创新35人"/"30位30岁以下精英"榜单,2位校友入选华为"天才少年",6位校友入选国家级领军人才,在所在领域取得重要学术突破,影响力突出。

## (二)教学相长,带动教学水平不断提高

### 1. 课程创新

西安交大新建教改课55门,完成《数学》《中国戏曲与小说》等全国首套"基础—高等"教育有机衔接教材编写;开设19门特色通识课,22门入选"名师、名课、名教材"工程。

### 2. 汇聚名师

名师担纲、教学相长、相得益彰。少年班教学现已汇聚3名国家级教学名师、12名省级教学名师,4支国家级教学团队、5支省级教学团队,形成了强大的师资高地。

### （三）引领探索，选拔培养模式辐射全国

**1. 理论探索**

2010年以来，申报国家自然科学基金、教育部重点等各类课题31项；累计支持创新人才教改项目136项；发表论文44篇，CSSCI收录37篇；出版《少年班》等专著4部。

**2. 教改实践**

西安交大延承创新探索，创办工科试验班、侯宗濂医学班等10类教改班，2009年入选首批"基础学科拔尖学生培养试验计划"；2020年，5个学科入选"基础学科拔尖学生培养计划2.0"。先后获国家教学成果二等奖2项，陕西省教学成果特等奖2项、二等奖1项，获得社会各界的普遍认可，得到了时任国务院副总理孙春兰的高度赞扬。

**3. 成果推广**

"两阶段四模块"的选拔方式被清华大学、四川大学等20余所高校及北京八中、哈尔滨工业大学附属中学等40余所中学广泛借鉴；培养模式被南开中学、苏州中学等推广应用。西安交大少年班的招生、选拔和人才培养模式已辐射至入选"英才计划"的陕西省重点中学。

杨乐院士等专家评价"培养思路明晰、定位准确，注重人格教育，具有鲜明特色"；"遴选、培训精英的好做法及少年班设立，对国家鼓励和倡导创新具有重要战略意义"；"解决了从中学超常少年培养到大学系统教育的有效衔接问题，是全国教育的骄傲"。

## 四、对未来的展望

教育，非为已往，非为现在，而专为将来。我们当下在人才培养方面的努力探索，直接关系着未来二三十年行业的进步与经济社会的发展，关系着中华民族的伟大复兴。锲而不舍、改革不辍，下一步，我们将重点从以下方面推动少年班培养改革。

## （一）坚持早期发现早期培养，促进机制成熟和规模扩展

超常人才的智力开发和培育具有时效性，超常人才培养改革特别需要早期关注和引导，进而完成个性化教育。未来希望进一步突破现有体制机制，在选拔、培养、评价、使用、保障等方面进行体系化、链条式设计，让更多的中学和大学参与进来，共同探索超常人才选才、鉴才、育才标准和机制，因地制宜、因校制宜、差异化发展。

## （二）优化学科专业结构，引导学生立志扎根基础学科

积极贯彻习近平总书记关于吸引最优秀的学生立志投身基础研究的重要指示精神。大力弘扬科学家精神，充分调动地方、中学等育人资源，寻求政策支持，建立纵向贯通、横向联动的超常人才教育体系，给予有志于从事基础学科研究的优秀学子一个坚实、开放、自主的平台和相应资金支持，更好服务国家人才战略。

## （三）应对AI等新事物的挑战，构建教育新范式

数智化转型正在推动教育全面变革。随着人工智能对学生的"学"和教师的"教"以及教育文化和生态产生的系统性转变，我们在未来的实践探索中要把握好"变化"中的"不变"。始终"以学生为中心"，以探索和发现为原则，鼓励并帮助学生在自由的环境中进行更多的自主选择，提升采集式学习能力及技术工具运用能力，丰富个性化、多样化的育人活动，构建教育新范式。

# 五、结语

郑南宁院士曾经说过，"教育培养了什么样的人，就把什么样的世界留给了后人"。应该建立一个什么样的培养模式，使得拔尖创新人才能源源不断地涌现？我们相信这是一个永恒的话题。西安交通大学所做的努力，仅仅是在教育教学改革漫长征程

中迈出的一小步,但我们相信我们已经证明,教育具有无限可能,除了考试,孩子们还有诗和远方。

## 【参考文献】

[1] 陈如平."因材施教"是教育的最高境界[J].中小学管理,2020(1):1.

[2] 程黎,马晓晨,张凯,等.拔尖创新人才培养背景下对我国超常教育的再思考:苏格兰的经验及启示[J].中国特殊教育,2019(6):85-90.

[3] 方中雄,张瑞海,黄晓玲.破解超常教育的制度重构——将超常儿童纳入特殊教育体系[J].教育研究,2021,42(5):101-107.

[4] 李静,李明晔.俄罗斯天才儿童教育管理体系构建:基于高校天才儿童支持与发展机构的实践[J].中国特殊教育,2022(6):68-77.

[5] 刘云杉.自由的限度:再认识教育的正当性[J].北京大学教育评论,2016,14(2):27-62+188-189.

[6] 梅红,任之光,王静静,等.目标定向、多样性经历对个体创新行为的影响——基于陕西省8所高校的实证研究[J].复旦教育论坛,2017,15(4):62-68.

[7] 王佳,褚宏启.新加坡英才教育的举措与启示[J].比较教育研究,2013,35(5):43-47.

[8] 王凯.美国天才教育历史流变的四个阶段[J].基础教育参考,2012(21):32-36.

[9] 许燕蘭,马早明.拔尖创新人才早期培养模式——韩国天才儿童教育分析[J].基础教育参考,2023(2):75-80.

# 建构"三元课程" 培养创新人才

## ——西安交大附中的"大成智慧教育"

**訾艳阳**

**作者简介：**

訾艳阳，二级教授，博士生导师，现任西安交通大学附属中学党总支书记、校长。教育部首届基础教育跨学科教学指导委员会委员，陕西省教育学会副会长，西安市陶行知研究会会长。2020年入选国家百千万人才工程，被授予"有突出贡献的中青年专家"称号。

**办学理念：努力创造适合每一位学生发展的教育**

钱学森晚年提出了"大成智慧"的思想，比较集中的表述是"必集大成，才得智慧"。在这一思想的指导下，西安交通大学附属中学（以下简称西安交大附中）创办了钱学森少年班，旨在践行"大成智慧"的教育思想，探索"大成智慧"型创新人才的培养策略、培养方法和实施路径，取得了一系列积极且实质性的成果。

## 一、大成智慧教育的理念

"大成智慧"不仅是知识创新、思维创新、科学创新和艺术创新的融合，而且是一种积淀学识、培养思维、濡染情思、养成智慧的教育观念。其基本特征是通过哲学与科学、哲学与艺术、科学与人文、科学与艺术等多学科相融合的跨学科学习，在古今融通、中西结合、跨界认知的多维度立体化信息空间中酝酿思想和智慧。这种智慧在知识爆炸、信息如潮的现代社会是中学生应该和必须具备的价值取向、思想情感、思维策略和认知方法的集合。

人的智慧是由"量智"和"性智"两大部分构成的。"量智"就是"量知质认"，即从局部"量"的感知着手，认知整体"质性"的智慧；"性智"就是"性知量表"，即从整体性"质"的感知入手，再探求"量"的理性分析与科学认知的智慧。所有的科学，包括数理科学、自然科学和社会科学的知识，都是"量智"与"性智"融合的产物和结果，主要表现为"量智"的形态；所有的文艺，包括文艺创作与欣赏、文艺理论与创新、审美理论与美学，以及各种艺术实践活动，也都是"量智"和"性智"相互融合的产物和结果，但主要表现为"性智"的形态。

广而言之，"大成智慧"作为浸润于广阔的信息空间里所形成的智慧，除了"量智"与"性智"的结合、科学与艺术的结合以外，还有科学与政治、科学与哲学、科学与人文的结合，当然还包括了理论与实践的结合。

钱学森提出的在极其广阔的信息空间里"集大成"的教育思想，其实质就是全面发展的人才观，就是学科融合的教育观。

## 二、大成智慧教育的构想

"量智"与"性智"相结合的智慧集成式教育，未必能做到全能教育，但一定需要做到学科之间的融合，包括科学与道德、科学与伦理、科学与政治、科学与人文、科学与艺术之间的融合，在跨学科融合教育和心智发展中培养道德良好、人格健全、心理健康、智能优异、体能健壮、能适应自我发展和社会发展的时代新人。

### （一）厘清五育关系

德为根本，智为源泉，体为支撑，美为胸怀，劳为途径。

德，包括了理想信念、道德修养、人格品质、抗挫意志等决定和支配人生观、世界观和价值观的素养和操守，它是立身之本，也是做人之本。智，是智能和智慧的凝练和统称，不论是"量智"还是"性智"，都是做事的本领，也是创新的源泉。体，是承载生命的躯体，也是支撑品德和智能的载体，更是进行创造性学习和工作的前提和基础。美，是审美的观念和素养，包括感知美、理解美、欣赏美、创造美的能力。具有审美眼光和审美能力的人就能拨云见日、透表见质，就能立足现实看到未来，就能着手当下而放眼未来，从而在行动上不拘泥、不短视，有格局，有胸怀。劳，既是正确的劳动观念、劳动态度和劳动习惯，也是创新型学习和工作的思维设计和技能运用。人类文明的一切成果，都是劳动所得，都是劳动的产物和结果；没有劳动就不会有人类社会的发展，也就不会有劳动者自身的发展和成长。

人本身就是各种素质的集合体，德智体美劳等各种素质、素养有机地统一于每一个鲜活的生命之中，构成一个个生命的整体素养和素质，在实际的学习、工作和生活中以完整的个性形态表现出来。教育的各个组成环节和组成部分，作为统一的教育的不同方面，有机地构成完整的教育，对人的成长产生影响和塑造作用。教育的不同方面所指向的不同素养之间，并不是平行和并列的关系，而是相互渗透、相互影响，甚至相互促进的关系。就像正确的人生观、世界观、价值观和同情心，不仅可以表现为良好的道德素养和思想水平，还可以促进科学认知和科学发现能力的提升和发展，而科学素养的提升和发展也会影响审美素养的提升和发展。

### （二）明确生涯目标

为了创设适合每一位学生发展的教育目标和成长环境，西安交大附小、西安交大附中和西安交大立足于人的成长，确立了以学生为中心的"三层三阶"渐进式生涯成长的目标体系，引导学生珍惜以往，立足现在，展望未来，发展自我。

所谓"三层三阶"，就是指导学生在认知自我、珍惜已有的基础上，确定终身成长的三个阶段及其成长目标。

第一层阶（4~12岁）：在义务教育阶段实现生涯成长的"初期目标"，在"认识自己"的基础上，学会"做正确的事"，使自己"成为学习的主人"。在这一阶段通过培养学生的好奇心和求知欲，让每一位学生对学习内容首先产生"心动"，在内心驱动下主动学习和认知未知的知识体系。

第二层阶（12~18岁）：在高中和大学阶段实现生涯成长的"中期目标"，在"完善自己"的基础上，学会"做满意的事"，自觉自愿地"成为生活的主人"。在这一阶段通过激发兴趣、鼓动实践、鼓励探究，让学生养成好学、好思、好研的习惯，使每一位学生身体力行地做自我生命成长的主宰和主导。

第三层阶（18岁以后）：硕士阶段及毕业以后在继续求学及工作中实现生涯规划的"长远目标"，在"成就自己"的过程中做出一系列令自己、令他人、令社会"感动的事",从而自然而然地"成为社会的主人"。这一阶段的关键是培养"脑动"创新的方法,成为不惑于外物的"智者"、知耻而进的"勇者"、身体力行的"仁者",成为适应社会发展需要的具有创新能力的"高素质公民"和"一等人才"。

### (三)构建思维系统

钱学森认为思维科学是处理意识与大脑、精神与物质、主观与客观的科学,是现代科学技术的一个大部门,主张发展思维科学要同人工智能、智能计算机的工作结合起来。他提倡以逻辑单元思维过程为微观基础,逐步构建单一思维类型的一阶思维系统,即构筑集科学逻辑思维、艺术形象思维、社会价值思维和特异灵感思维于一体的体系,在此基础上培养具有开放特性的创新性二阶思维,形成高阶思维开放的巨系统。

### (四)构建贯通学制

学龄提前,学制缩短,构建小学、中学和大学一体化大成教育新体系。儿童可以 4 岁入学,12 岁初中毕业;12~17 岁上高中及大学,完成"大成智慧"知识储备,再加一年"实习",参加社会实践,成为行业专家,写出毕业论文,成为大成智慧教育硕士。

## 三、大成智慧教育的实施

在钱学森"大成智慧"的理念启发下,西安交大于 2007 年创办了大学段"钱学森班",西安交大附小、西安交大附中也分别于 2016 年、2020 年创办了小学段和中学段的"钱学森班",旨在打造"小、中、大无缝链接,本、硕、博贯通培养"的三阶(义务教育、高中及本科、硕博培养)、八段(婴儿、幼儿、小学、初中、高中、本科、硕士、博士)的新时代教育模式。

针对"钱学森班"教学的需要，我们从课堂变革入手，通过设计特色课程、研发拓展课程，进行了大成智慧教育的实践与探索。

## （一）创新课堂设计

**1. 创新课堂标准**

打造适合每一位学生深度学习的高品质课堂，使每一位学生在适合身心发展的课堂场域通过高品质的学习形成分享交流、协同合作的学习关系，让课堂成为人人独立思考、小组互相交流、组际分享评价的真实学习场、知识创生场和能力训练场，使浅表化学习提升为深度性学习。

**2. 创新学习设计**

将以往为了教教材而备教材的教学设计提升为备课标要求、备教材价值、备学情基础、备教学目标、备重点难点、备情境创设、备问题驱动、备学生活动、备课后巩固的全方位、立体式的教学设计。

**3. 创设课堂氛围**

营造安全润泽、心灵自由、思接千载、神游万仞的学习氛围，让学生在没有紧张焦虑、只有适度竞争的健康自然状态下自主学习。

## （二）创新育人课程

基于为学生提供丰富的学习资源和成长空间的目的，西安交大附中独创了"钱学森班"大成育人"三元建构"的课程体系。

**1. 一元基础课程——承载底蕴积淀与能力提升**

"一元"标志着"基础"和"统一"，就是创新性地使用国家课程体系中的语文、数学、英语、物理、化学、道德与法治、历史、地理、生物学等学科教材，以保证学生文理兼修、文理兼优、知识广博、基础扎实。所谓"创新性地使用"就是在使用国家课程体系中的各基础学科的教材时，充分关注学生的差异化学习需要，整合、重构、优化学习内容和学习顺序，创建课前、课中和课后相衔接的"三单教学"新模式。课前使用以独立学习为主的"预习单"，课中使用以问题分享、合作探究为主的"探究单",课后使用以基础巩固、综合引用、拓展提升、创新发展为指向的分层式"作业单"。

**2. 二元特色课程——承载格局特色与素养发展**

"二元"标志着"特色"和"素养",就是有目标、有计划、有主题地开设院士讲座、社团活动、主题实践等特色课程,以承载格局特色与素质发展的任务。

(1)举办院士讲座:进行成长之路、生涯规划、学术边际、学术前沿、科技发展等方面的报告,砥砺学生心智,激发学生信心,拓宽学生视野,指导学生成长。比如中国科学院院士管晓宏教授指导学生重视艺术素养,进行了题为"科学与艺术"的主题讲座。

(2)组织社团活动:在学生自愿、教师指导的前提下,全校组建了趣味数学、物理哲学、航模、机器人等32个学生社团,不少学生社团,如校航模队和机器人队分别获得了国内外比赛大奖。

(3)开展主题实践:每学年有计划、有组织地开展2~4次主题实践活动,让学生在实践中增长见识、濡养性格、磨炼意志、培养精神。比如"周末打卡钱学森图书馆"科学濡养活动、暑期秦岭生态考察活动等。

**3. 三元拓展课程——承载个性特长与创新发展**

"三元"标志着"特长"与"创新",就是在创新性使用国家教材、开设特色课程的同时,研发"3+1"校本课程及其教材,即"思维方法导论""自然科学基本原理""积极心理学与人格塑造",并研发出对应初高中不同年级使用的"综合创新实践课程",编写并出版相应的教材。

(1)"思维方法导论"课程

这门校本课程的目标是理解与掌握一般思维方法的基础知识和基本原理,接受正规、系统的思维训练,掌握科学的思维方法;能够运用科学思维方法进行理性思考和表达,为具体学科研究提供多角度的思维工具,探索综合运用科学思维方法提出科学问题,分析、解决问题;学会打破思维定式,掌握多角度思考问题、多途径解决问题的方法和能力；初步形成跨学科研究的意识习惯和思维方法，奠定运用多学科知识研究问题和解决问题的思维基础。

（2）"自然科学基本原理"课程

这门课程具有很多亮点，概括起来主要有四点：第一，精选阅读材料，展示真实研究进程；第二，学科知识交叉，解决实际科学问题；第三，强化模型建构，修正探索、深化理解；第四，结合课本知识，适当拓展大学内容。

这门校本课程的目标是通过阅读自然科学经典，了解自然科学的起源、方法及发展趋势，构建对自然科学的整体认知；重视构建自然学科交叉和大跨度综合的现代科学体系，掌握自然科学的思维方式，养成理性判断、科学推理、有据证明和审辩思维的习惯和能力，浸润提升资优品质，培养实践能力、创新的科学素养，以及可持续发展的自我学习能力。

（3）"积极心理学与人格塑造"课程

这门课程的设计思路是立足整体课程体系，在凸显心理学科属性和特征的同时更加关注积极人格的认知与培养，采用理论与案例相结合的施教方式实现心理学与思维科学的融合，并辅以人物案例与自然科学的融合，形成"理论简明、人格养成、人物示例、学科融合"的教材特色，使学生在学科融合中学习心理学知识，学习典型榜样，培养健全人格，获得心理愉悦，养成积极心态，形成创新动力和能力。

课程目标是从中华优秀传统文化、古今中外名人的成长经历中汲取向上的力量，丰盈积极情绪，提升抗挫能力，形成积极、快乐的人生观、世界观和价值观，学会幸福生活；挖掘和培育优质天赋，养成乐观、真诚、勤奋、坚韧等优秀品质，塑造健全人格，获得大成智慧，陶冶家国情怀，成为可堪大用、可担大任的栋梁之材。

（4）"综合创新实践课程"课程

这门课程作为实践属性很强的课程，主要是给学生搭建行动平台,让学生在"做"中习得知识,在"做"中滋养才能。课程以"项目学习"的形式打破学科壁垒,由多学科教师共同执教。学生通过分组合作完成项目学习和探究,借此来研究新问题、规划新思路、设计新产品,并进行视频发布或现场展示,汇报综合实践的成果。

课程目标是培养信息意识、计算思维及信息技术的实操能力,形成一定的计算机程序应用能力;综合运用"自然科学基本原理""思维方法导论""积极心理学与人格塑造"三门课程中学习的知识,打破学科界限,摆脱惯性思维,依托信息技术,完成项目学习,培养团队精神和主动学习的能力,养成较强的科学素养、人文素养和创新精神;以创新项目实践和人工智能为重点,在项目实践中体验科学探究、科技创新和艺术创作的过程,提升工程思维水平、创新设计能力和动手实践能力。

### 4. 初步成果

西安交大附中形成了"综合素养优秀、系统思维强大、阳光品质卓越"的学生创新性作品集,包含科技创新、艺术创意等元素,目前共计9本。

## 四、大成智慧教育的愿景

"大成智慧教育"所培养的"大成智慧"就好比一棵枝繁叶茂的"智慧大树",这棵大树根植于华夏文明的沃土,拥有独立创新的躯干,长出务实求真的枝叶,开出奇艳无比的花朵,结出鲜美可口的果实。这棵智慧树的乐土不仅仅是校园,还有社会和家庭;这棵智慧树的躯干、枝叶、花朵和果实,就是"大成智慧教育"的成果。"大成智慧教育"不仅仅看重鲜美可口的果实,也看重躯干的成长、枝叶的发育、花朵的绽放过程。

【参考文献】

[1] 宋振东. 钱学森大成智慧学思想初探 [J]. 钱学森研究，2018(1)：52-86.

[2] 孙培青. 中国教育史 [M]. 上海：华东师范大学出版社，2019.

[3] 叶永烈. 钱学森传 [M]. 上海：上海交通大学出版社，2010.

[4] 伊莎贝尔·迈尔斯，彼得·迈尔斯. 天生不同 [M]. 闫冠男，译. 北京：人民邮电出版社，2016.

[5] 周建新. 艺术逻辑学 [M]. 杭州：浙江大学出版社，2011.

# 科技创新燃梦想
# 百年育才铸华章

## ——贵阳一中科技人才培养策略

### 陈章义

**作者简介：**

陈章义，贵阳市第一中学党委书记，正高级教师，教育部新时代名师名校长培养对象，贵州省教育学会副会长，贵州省示范性高中评估专家，贵州师范大学硕士生导师，贵阳市优秀教育工作者。主持课题获2022年贵州省中小学（幼儿园）教学成果奖一等奖，贵州省第三届教育科学研究优秀成果奖二等奖。

办学理念：正本求真、正习求新，追寻美好教育

在科技日新月异的今天，创新已成为推动社会发展的重要引擎。贵阳市第一中学（以下简称贵阳一中）作为贵州省高中的领军学府，始终站在教育改革的前沿，积极响应国家对创新人才培养的号召。以科技为引领，点燃学生的创新梦想，赓续百年一中的科创血脉，为国家培养出更多的科技创新人才，铸就教育的新华章。

## 一、研究背景

科技不仅改变人们的生活方式，而且在国际竞争中扮演着重要的角色。深入研究和把握科技发展的脉搏，对于我们理解并应对这个时代的挑战，培育具备高度创新意识、实践能力与国际视野的复合型人才具有重要的意义。

### （一）科技革命引领国际竞争

进入 21 世纪，全球科技呈现井喷式发展，科技创新进入空前密集活跃的时期，人工智能、大数据、互联网＋、物联网＋……不断涌现。谁能掌握原创性、引领性的科学技术，谁就能在激烈的国际竞争中掌握主动权。新一轮的科技革命和产业变革正在重构全球创新版图，重塑全球经济结构。科技创新逐渐成为国际战略博弈的主要战场。习近平总书记强调："谁牵住了科技创新这个牛鼻子，谁走好了科技创新这步先手棋，谁就能占领先机、赢得优势。"只有把科技的命脉掌握在自己手中，才能真正掌握竞争和发展的主动权，形成国际竞争新优势。

### （二）科技实力驱动国家发展

科技是国家强盛之基，创新是民族进步之魂。习近平总书记在党的二十大报告中强调，"必须坚持科技是第一生产力、人才是第一资源、创新是第一动力，深入实施科教兴国战略、人才强国战略、创新驱动发展战略，开辟发展新领域新赛道，不断塑造发展新动能新优势……要坚持教育优先发展、科技自立自强、人才引领驱动，加快建设教育强国、科技强国、人才强国，坚持为党育人、为国育才，全面提高人才自主培养质量，着力造就拔尖创新人才，聚天下英才而用之"。

## （三）人才培养奠定国力基石

基础教育阶段是"孵化"学生科学精神、创新素质的决定性阶段，在教育"双减"中做好科学教育加法，激发青少年好奇心、想象力、探求欲，培育具备科学家潜质、愿意献身科学研究事业的青少年群体，为新时代加强中小学科学教育提供了根本遵循。2023年5月，教育部等18个部门联合印发了《关于加强新时代中小学科学教育工作的意见》，要求学校实施"校内科学教育提质计划"重点项目，在"实"字上下功夫，在保质保量完成教学和实验课规定动作的基础上，拓展科学实践活动，激发学生兴趣，培育学生科学梦想。

为了找到基础教育阶段科技人才的培养方法，找到适合高中学校，特别是教育水平相对落后的西部地区高中学校真正把科技教育和科学素养培育目标落在实处的有效路径，贵阳一中在不断探索、实践、优化的过程中，形成了"五育融合"课程体系（见图1）中"睿美智育"科技育人课程群，为培养科技创新型人才

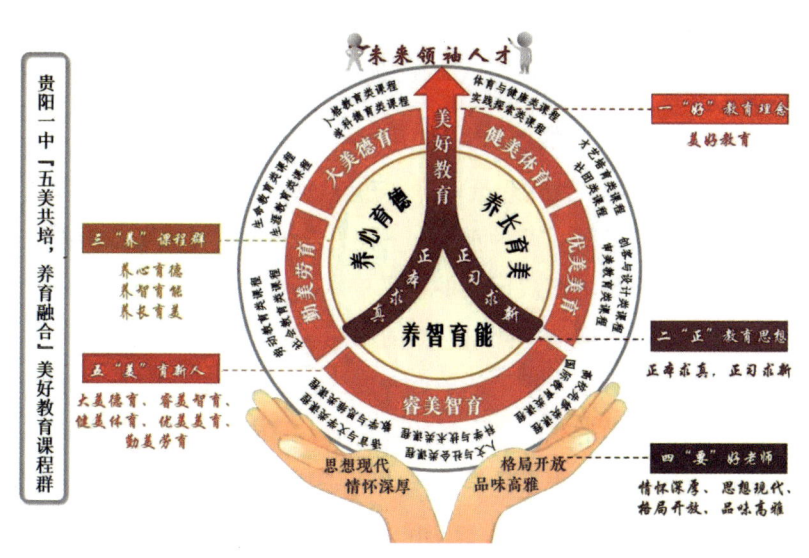

图1 贵阳一中"五育融合"课程群

和推动科技教育发展提供了有益参考。

## 二、理论基础

中学阶段是学生基础知识和创新思维能力形成的关键时期，但是面对全球新一轮科技革命加速演进的浪潮，面对加快建设教育强国、科技强国、人才强国的目标要求，我国科学教育还存在着基础总体薄弱、区域发展不均衡、科学教育资源尚未有效整合、专业师资匮乏、实践教学实施程度较低、拔尖创新人才早期发现和培养机制仍需突破等问题和不足，学校科技教育的普及和深化亟待改进和加强。

贵阳一中是贵州省第一所一类示范性高中，不仅在教育教学成果上树立标杆，更肩负着推进教育改革与培养创新人才的神圣使命。如何为国家的创新人才培养贡献自己的力量，并据此塑造独特的办学特色？如何更有效地推动科技创新人才的培养进程？如何充分利用贵阳一中这一宝贵资源，为创新人才的培养提供充足的养分？这些是我们一直思考的问题。我们深知，只有依托先进的教育理论，紧密结合学生的实际情况，综合研判我校的科技教育资源和学生发展现状，才能寻找到行之有效的创新人才培养路径。

### （一）在学习难度设定上遵从"最近发展区"理论

"最近发展区"理论源于著名教育学家维果茨基，这一理论认为，学生的发展有两种水平：一种是学生的现有水平，指独立活动时所能达到的解决问题的水平；另一种是学生可能的发展水平，也就是通过教学所获得的潜力。两者之间的差异就是最近发展区。教学应着眼于学生的最近发展区，为学生提供带有难度的内容，调动学生的积极性，发挥其潜力，超越其最近发展区而达到下一发展阶段的水平，然后在此基础上进行下一个发展区的发展。在"最近发展区"理论的指导下，贵阳一中根据学生的最近发展区来设定教学目标、选择教学内容、创设问题情境、组织实践探究、调整教学策略、评估教学效果。

## （二）在教育形式和评价设计上依据"多元智能"理论

多元智能理论源于世界著名教育心理学家霍华德·加德纳。他认为人类思维和认识的方式是多元的，即存在多元智能，具体包括：言语语言智能、数理逻辑智能、视觉空间智能、身体运动智能、人际沟通智能等。多元智能理论认为每个人或多或少都具有上述几种智能，只是其组合和发挥程度不同。贵阳一中通过多样化的教学方式和活动来激发学生的各种潜能，促进学生的全面发展。同时，采用多元化的评价方式，关注学生的不同智能表现和发展轨迹，为每个学生提供有针对性的指导和帮助，实施差异化教学和评价。

## （三）在知识内化和能力提升方面善用"建构主义学习"理论

瑞士著名儿童心理学家皮亚杰是建构主义学习理论的创始人。在建构主义理论下，学习不再是简单的知识传递，而是学习者在一定的情境下，借助其他辅助手段，利用必要的学习材料和学习资源，通过意义建构的方式达成的。建构主义强调以学习者为中心，根据自己的经验背景，对外部信息进行主动的选择、加工和处理，从而获得自己的意义。

学校通过精心设计的科技教育活动，为孩子们搭建实践的平台，让他们主动地去发现、去探索、去思考、去获得、去承担、去表达，在扁平的理论知识的经纬度中加入创新思维、团结协作、执着追求和艺术审美，让孩子们获得立体的、丰满的、有血有肉的、独具特色的个体之美。

## 三、实践路径

我校的科技教育并不是一蹴而就的。1979年，我校组织教师参加了贵阳市科协举办的首届面向中小学的科技辅导员航空模型和无线电定向测绘培训班；1980年，第一支学生航模队成立；1981年，第一支无线电测绘队成立。这些标志着我校科技人才培育逐步走向系统化、专业化。经过近半个世纪的实践和探索，贵阳一中形成并完善了科技人才分层多元培养模式。以优质资源为依托，对不同层次、不同兴趣爱好、不同能力特征、不同发展需要的学生进行针对性培养，形成了以提升学生科技创新能力、拓展科技创新思维为核心，以培养具有科学家潜质的未来社会主义建设者为目标的"CTCM"分层多元培养模式。

C（Class）——班级分层：为满足不同层次学生的最近发展区需要，从"扁平式"无差别平行编班到"阶梯式"简单分层，最后到"金字塔式"创新班级结构，分层分类开展科技教育。

T（Target）——培养目标分层：针对学生的个体差异，为不同层次的学生设定不同的培养目标，普适教育、特需教育与精英教育共同发展。

C（Course）——课程分层：以不同层次学生的能力水平和知识结构为基础，结合国家课程体系和部编教材设置"横向有关联，纵向有梯度"的分层多元课程体系。

M（Manage）——管理分层：学校引领、处室负责、中心组织、专人专任、制度健全，为培养学生科技创新能力提供管理服务。

贵阳一中作为全国首批科学教育实验校，不断深化科技教育改革，将科技创新融入教育教学各环节，着力培养学生的科学素养和创新精神，多维度、多举措推进新时代科技人才培养。

## （一）智能平台使教育成效可视化

我校基于学生发展的年龄特征，结合教育教学实际，科学确定学生五育融合评价的具体内容和要求，创新评价工具，利用人工智能、大数据等现代信息技术，建立了五育融合育人大数据平台（见图2）。探索开展学生各年级学习成长情况全过程纵向评价、德智体美劳全要素横向评价，形成数据驱动的学生综合素质评价解决方案，客观总结学生五育融合素质发展的规律，确保评价客观科学，完善评价内容，强化技术支撑，促进学生德智体美劳全面发展。

图 2　贵阳一中五育融合育人大数据平台

### （二）课程建设使科创教育体系化

贵阳一中通过构建完善的科创课程体系（见图 3），将科技知识与学科教育有机结合，让学生在掌握基础知识的同时，能够接触到前沿的科学技术。学校还积极搭建科创实践平台，鼓励学生参与科研项目，提升他们的动手能力和解决问题的能力。2023年，学校在原有课程体系基础上进行了优化升级和内容迭代，形成了"主题定点—任务拉线—课程联网"的整体化科技教育课程群，将基础课程和拓展课程有机联合，打通课堂与生活、教材与社会之间的壁垒；探索了特色化校本课程开发和建构的新模式，形成了科普研学类课程、科学素养培育类课程、科技社团类课程、科技竞赛类课程、实践活动类课程、共建共育类课程。为了适应新课程改革下学生未来专业选择和职业取向的需要重点，我校推出了"瀹智笃行"职业体验课程、"双高互动"研学课程、"双高"衔接 AP 课程、"共建共育"定制课程。目前已经开展的职业体验方向有：临床医学、天气气象、天文专业和创新创业。

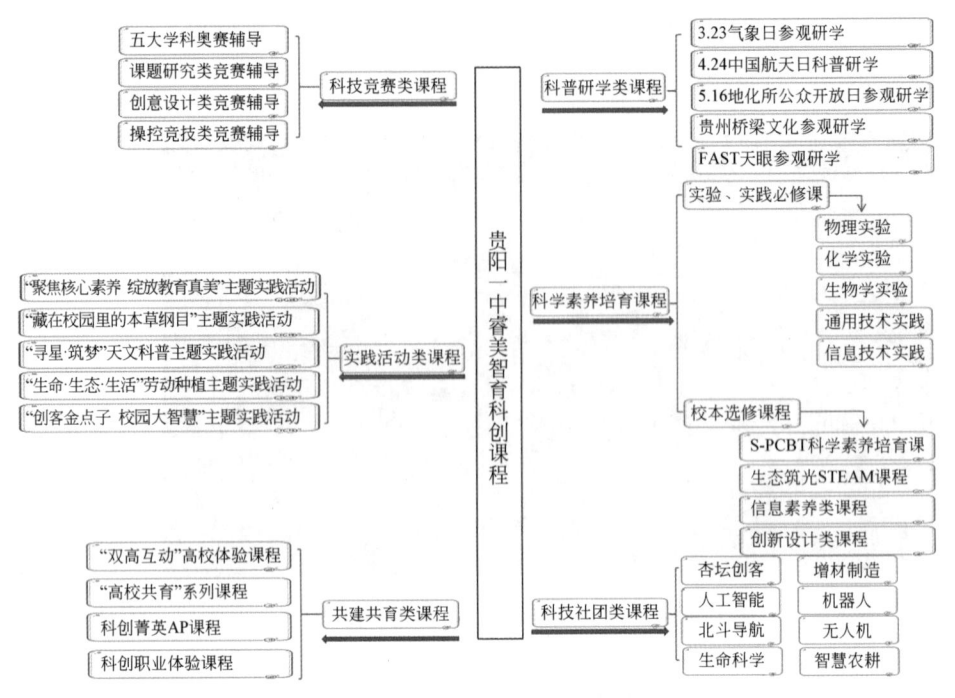

图 3 睿美智育——科创课程体系

## （三）评价维度使素养提升具象化

科学素养是学生综合素养中的重要组成部分，但是如何评价学生的科学素养水平？如何寻找学生科学素养提升的量化依据？这是我们现在需要解决的问题。学校科创中心历时三年打造了S-PCBT"科创之航"科学素养培育课程群，该课程以"聚科创之力，掌未来之舵"为核心理念，旨在将科学教育与科技创新紧密结合，使学生在掌握科学知识的同时，培养创新思维和实践能力，引领他们洞悉未来的科技发展趋势，希望每一个学生都能成为科技创新的推动者和未来科技发展的引领者。学校创新性地提出了适合西部科技教育欠发达地区普通高中学生科学素养的四个维度（见图 4），即科学观念与应用、科学探究与交流、科学思维与创新、科学态度与责任，并制定了考查目标及测评依据。将创新精神和实践能力的培养与提升融入科学素养培育的全过程，以学生个性化发展需求为主，让学生深入理解和应用科学原理，掌握科研技能。倡导学生主动参与科研项目，鼓励他们独立思考，发现并解决问题，从而在科技创新的过程中贡献力量。

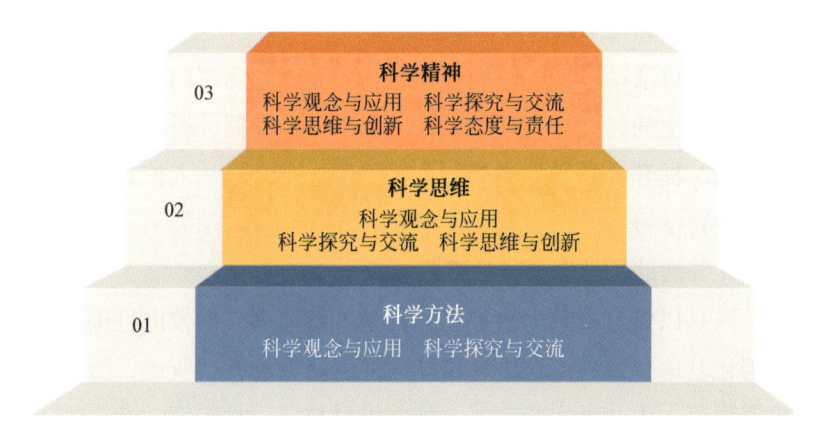

图 4　科学素养分层目标

### （四）家、校、社联合使培养路径多元化

学校加强与高校、科研机构的合作，引进优质科创资源，为学生提供更加广阔的学习空间。这种开放式的教育模式，不仅拓宽了学生的视野，也为他们未来的科研之路奠定了坚实的基础。

针对丘成桐少年班、学科竞赛和科技特长生采用"精英培养—定制课程"的模式；针对科技社团、科创赛队和选修科创校本课程的学生采用"特长培养—专业课程"的模式；针对全校学生开展的普适性科技教育则采用"氛围营造—活动育人"的模式。

## 四、对未来的展望

教育是一个长期而复杂的过程，培养学生的科学素养更是任重道远。在今后的科技教育工作中我校还有许多改进和提升的空间。

一是以课程为载体构建科学教育体系。梳理国家课程、校本课程、拓展课程中蕴涵的科学知识、科学素养、科学态度以及科学精神，从学校层面构建科学教育框架。从单一学科和多学科角度深度挖掘课程中包含科学教育的素材，拟定适应优质高中学生的科学必修和科学选修校本课程。

二是以活动为驱动拓展科学教育广度。明确不同年级段、不同层次学生的科学教育活动，让学生了解、掌握、运用科学知识与方法，提升全员科学素养。全面规划一名学生从入校到毕业的科学教育学习历程，通过入学摸底考试、中期活动展示、毕业成果评比等活动给学生画科学素养画像。

三是以整合资源为途径提升科学教育速度。以校内科创中心为孵化基地，以省市科协为依托，外引高校和社会资源，形成学校资源库。由一批实验室、一批前沿科技、一批专家学者、一批考察基地等构成学校资源库。培训师资队伍，利用综合实践课，指导学生进行社会体验、研究参与，加快科学教育的进程。

## 五、结语

科技人才的培养是一个长期而系统的工程，需要学校、家庭、社会等多方面的共同努力。在未来的人才培育中，贵阳一中将继续秉承去短视功利，奠长远之基，以人为本提升服务，做更有深度的教育；强文化强校战略，兴科研兴校之风，正本正习高质发展，做更有高度的教育；促合作办学之机，拓精准帮扶之域，跟岗共研送课送教，做更有广度的教育；孕教育之美学科之美，探育人之美成长之美，美美与共，各美其美，做更有美誉度的教育。

【参考文献】

[1] 邓阳. 从科学知识到科学素养——科学课程深度教学研究 [M]. 福州：福建教育出版社，2022.

[2] 荆芳，何华琴，李小朴. 中学生科学素养调查研究——以上海南模教育

集团为例 [J]. 现代基础教育研究 .2019，36(4)：148-154.

[3] 凯瑟琳·E. 斯诺，肯妮·A. 迪布纳 . 科学素养：概念、情境与影响 [M]. 裴新宇，郑太年，译 . 北京：中国科学技术出版社，2020.

[4] 李强 . 中学生科学素养培育方略 [M]. 西安：陕西科学技术出版社，2020.

[5] 邵锋星 . 科学素养怎样教？——一名特级教师的数学笔记 [M]. 北京：教育科学出版社，2021.

[6] 王鼎，任虹宇，王倩 . 综合素质评价结果有效性研究——基于学业成绩与综合素质评价指标的相关性分析 [J]. 教育发展研究，2019，39(20)：18-28.

[7] 王楠，唐倩，张芮，等 . 美国 STEM 教育项目评价机制分析及其启示——基于美国典型 STEM 教育项目的案例分析 [J]. 现代教育技术，2019，29(9)：108-114.

[8] 习近平 . 努力成为世界主要科学中心和创新高地 [J]. 共产党员 . 2021(8)：4-7.

[9] 张九庆 . 科学素养：概念、语境和重要性 [J]. 科技中国，2017(9)：40-43.

[10] 中国教育科学研究院课程与教学研究所课题组，郝志军，杨清，等 . 中小学跨学科课程融合的问题与对策 [J]. 课程·教材·教法，2022，42(10)：60-69.

[11] 钟启泉，崔允漷 . 核心素养与教学改革 [M]. 上海：华东师范大学出版社，2018.

[12] 钟启泉 . 校本课程开发：进步与隐忧 [J]. 基础教育课程，2015(9)：69.

# 育德培能 创新铸魂

## ——西北师大附中创新人才培养生态建设实践

刘国材

**作者简介：**

刘国材，西北师范大学附属中学党委书记，研究生学历，正高级教师，甘肃省陇原名校长培养对象，西北师范大学"师德标兵"，西北师范大学优秀党员，兰州市骨干教师，近3年来主持省级重点科研课题5项，发表多篇论文及多部专著。

办学理念：和合共生　卓越发展

党的二十大报告提出，"全面提高人才自主培养质量，着力造就拔尖创新人才"。习近平总书记在主持中共中央政治局第二次集体学习时指出，要"坚持教育发展、科技创新、人才培养一体推进，形成良性循环"。加强拔尖创新人才早期培养，是承继使命的"接力棒"，是布局未来的"先手棋"，更是铸造国家科技战略人才队伍、保障国家繁荣稳定的"主阵地"。中学阶段是学生"拔节孕穗"、综合成长的关键期，也是激发和锻造学生创新能力与核心素养的关键期。正如植物枝叶葳蕤、欣欣向荣需要丰沃的土壤、充足的阳光、水分等生态条件，对于一所高中学校而言，大力营造良好的拔尖创新人才培养的生态系统，是实现"着力造就拔尖创新人才"目标的重要条件。

西北师范大学附属中学（以下简称西北师大附中），作为一所有着120多年办学历史的省级示范重点高中，多年以来非常注重拔尖创新人才的综合培养。20世纪先后培养了中国科学院原常务副院长、院士孙鸿烈，中国科学院、中国工程院资深院士、国家最高科学技术奖获得者、"中国高温合金之父"师昌绪，中国工程院院士、"中国枪王"朵英贤，美国艺术与科学院院士、国际著名数学家、逻辑学家王浩等卓越领先的国之栋梁。进入21世纪以来，在"卓越发展"理念的引领下，在新的教育改革大潮之中，西北师大附中以追求卓越、特色发展为宗旨，以培树英才、立德树人为己任，赓续使命、挺膺担当，高度重视拔尖创新人才的培养，为学生多元成长搭建平台，深化开展"强基计划"培优工作，积极探索拔尖创新人才培养的"附中模式"；并作为知名高校的"拔尖创新人才共育基地"，积极探索符合教育规律的大中衔接教育模式，不断深化拔尖创新人才培养机制，为国家重大发展战略领域培养和输送许多优秀的拔尖创新人才。

拔尖创新人才培养是一项复杂有机的系统工程，西北师大附中依据多年的办学实践，总结、沉淀出培养拔尖创新人才的智慧与路径，其中很重要的一条就是要建设符合学校特点、锁定立德树人、助力拔尖创新人才培养的良好生态环境。下面结合西北师大附中的实际经验简要谈一下我们的思考。

## 一、育德铸魂：筑牢拔尖创新人才培养的坚强阵地

党的二十大报告指出："教育是国之大计、党之大计。培养什么人、怎样培养人、为谁培养人是教育的根本问题。"高质量培养拔尖创新人才，要坚定正确的政治方向，厚植爱国情怀、坚定理想信念；引导学生胸怀"国之大者"，将自己的理想与祖国的未来命运紧紧地结合起来，自觉承担中华民族伟大复兴的时代责任与历史使命。高中年级段属于基础教育攸关全局的阶段，前承义务教育，后启高等教育，可以说，担负着拔尖创新人才培养的决定性使命与重任。因此，广大中学一定要以高度的责任感与使命感立德树人、培根铸魂，坚定筑牢拔尖创新人才培养的坚强阵地。

西北师大附中全面贯彻落实中小学校党组织领导的校长负责制，全面贯彻党的教育方针，落实立德树人根本任务，坚持为党育人、为国育才，致力于培养明大德、担大任、为大局的时代新人，注重"科学教育见长，人文素养厚重"的培养理念。为此，学校开设了以"鸿宇"理科实验班、"北辰"人文实验班、"昌绪"工程实验班、"永蒸"创新实验班、"国际英才班"等为代表的多元育人模式，聘请大学教授、知名院士担任特色班首席教师，聘请海归博士任教国际班课程，进行弹性教学，文理相融，立足本土，面向世界，多数毕业生成为拔尖创新人才培养的杰出代表。

## 二、五育并举：夯实拔尖创新人才培养的坚实根基

"五育并举"强调培养学生的综合素质和实践能力，在拔尖创新人才培养的指向下，我们要聚焦内核人才培养目标，重新定义"五

育并举"的人才培养体系，着力提升学生敢于创新、善于创新的内核品质，扎实走好人才自主培养之路。第十四届全国政协委员、北京外国语大学党委书记、教育部教师工作司原司长王定华表示："培养拔尖创新人才一定要开展高水平的'五育并举'实践。如用美育激发学生的创新活力，劳育引导学生有坚韧的毅力品质，等等。"

在此背景下，西北师大附中坚持德育为先、智育为基、体育美育为翼、劳动教育为钙，不断完善"以德育培根铸魂、以智育丰盈知识、以体育增强体魄、以美育润泽心灵、以劳动综合绽放"的"五育并举"特色实践育人体系。学校立足区域实际，努力探索构建人才培养体系，推广 STEM 教育、创客教育、人工智能教育等教育模式。以创客实验中心、心理健康中心、学生发展中心为依托，创办"学堂制"管理模式，构建学生全面发展在课堂、学生个性发展在学堂的"课堂+学堂"育人新模式，目前已开设格致学堂、知行学堂、拾艺学堂、弘文学堂、至善学堂等 5 个学堂，这 5 个学堂包含了天文社、模联社、我思社、推理社、轮滑社、电影社、辩论社、国学社、知行社等 60 多个社团，涉及德智体美劳全方面、全方位的培养，五育融通、相得益彰。随着"双新"课程的进一步实施，学生社团已逐步成为促进学生个性发展、加强素质教育、与新课改相适应的有效活动形式。自 2001 年以来，在科技创新、学科竞赛等活动中累计 1600 余人次的成果获省级、国家级和国际性奖励，学校多次获优秀组织奖。学校先后被省教育厅认定为"全省 STEM 教育示范校""甘肃省智慧教育标杆校"，2020 年被评为"全国优秀科技教育创新学校"，2020 年、2021 年连续两年被评为"全国青少年人工智能活动特色单位"。

"五育并举"式的培养，很好地促进了附中学子全面成长、多元发展，在学习活动中彰显品德、在动手实践中彰显智慧、在综合活动中彰显核心素养与创新能力。从某种意义上说，拔尖创新人才培养不是针对少量人才、精英人才的培养，而是面向广大群体进行的素养引导与启发。在"五育并举"中夯实拔尖创新人才培养的坚实根基，才能在此基础上孕育出栋梁之材。

## 三、优化生态：厚植拔尖创新人才培养的丰沃土壤

拔尖创新人才的培养需要一片丰沃的土壤，这样的土壤能够为他们提供充足的养分，让他们在其中茁壮成长。对于高中学校而言，要为拔尖创新人才培养提供丰沃的土壤，需要深厚的文化底蕴，增进传统文化、科技文化以及创新精神、批判性思维等现代文化素养，为学生提供广阔的视野和肥沃的土壤，为他们的创新发展打下坚实的基础；需要多元化的教育资源，包括优秀的师资队伍、丰富的课程体系、先进的实验设备等，为学生提供多样化的学习体验和实践机会，激发他们的创新意识和实践能力；需要包容性的创新氛围，鼓励学生大胆尝试、勇于创新，同时也能够接纳他们的失败和挫折，让学生能够更加自信地面对挑战，不断追求卓越；需要给学生提供丰富的实践机会，鼓励学生参与各种科技创新活动、学术竞赛和社会实践等，通过实践锻炼他们的动手能力和团队协作能力，培养他们的创新思维和解决问题的能力；需要加强个性化教育，并加强与其他学校、科研机构和企业的交流与合作，共享资源，共同培养人才，让学生接触到更广阔的知识领域和更前沿的科研成果，从而激发他们的创新精神和求知欲。

西北师大附中非常注重挖掘校史精神，学习老一辈可贵的奋斗精神、创新精神，在追溯历史承继着力点、生长点的基础上，革新挖潜，激励全校师生踵武前贤，赓续传统。在人才选拔和培育上，学校先后成立多个实验班，从源头上选拔和培育优秀人才，为拔尖创新人才培养储备了大量的人才力量；在教师队伍建设上，学校精心选拔来自省内外高校的优秀教师资源，打造一支敬业奉献、创新实干的教师队伍，聘请多位中科院院士作为各实验班首席教师，以先进的理念促进教学变革，推进特色化办学进程，提高特

色化办学水平和质量。2023年，我校积极申报"科技高中"，积极推进基础性科技创新人才的培养。同时，作为多所名校的"优质生源基地"，学校不断加强与其他学校、科研机构和企业的交流与合作，共享优质资源，共同培养敢创新、能竞争、向未来的拔尖创新人才。

## 四、多元课程：加强拔尖创新人才培养的丰厚补给

课程是学校的核心竞争力、教育教学基石，也是多层次人才培养的体现，可以说，学校的竞争力就是课程的竞争力，没有课程就没有学校发展、学生成才。课程理念的前瞻性、课程形态的多元性、课程内容的精彩性、课程资源的丰富性、课程实施的科学性，都关系着学生的培养，因此多元课程可谓是拔尖创新人才培养的重要保障。拔尖创新人才培养的课程体系应该注重创新思维课程，以项目式学习、合作学习、翻转课堂等多种形式培养学生的创新求变意识和辩证求解的能力；注重拓展实践课程，以科学实验、社会实践、研究性学习等形式培养学生的实践能力和动手能力；注重领导力培养课程，通过讲座、实践、模拟等形式，培养学生团队合作、沟通协调、决策制定、组织策划等方面的领导力；注重跨学科综合课程，将不同学科的知识、方法和思维融合在一起，通过打破学科壁垒，培养学生的综合素质和创新能力。

为此，西北师大附中总体构建并实施了符合时代发展、彰显学校特色、满足学生个性成长的"一体两翼四引擎"学生发展课程体系框架（见图1），将中国学生发展核心素养和国家课程、国际课程相融合，是学校"聚焦核心素养，凸显学校文化"的教育教学探索。其中，"一体"是课程目标，即以"培养全面而个性化发展的杰出中国人"为主体；"两翼"是指国内课程体系和国际课程体系，中西融合，两翼齐飞，培养具有中国情怀、国际视野的拔尖创新人才；"四引擎"立足学校实际，凸显了学校丰富的课

程积淀，包含四个系列八大类课程——"勤学"课程系列（基础、延伸类）、"慎行"课程系列（实践、综合类）、"诚育"课程系列（慧管、智育类）、"勇创"课程系列（创新、发展类）。

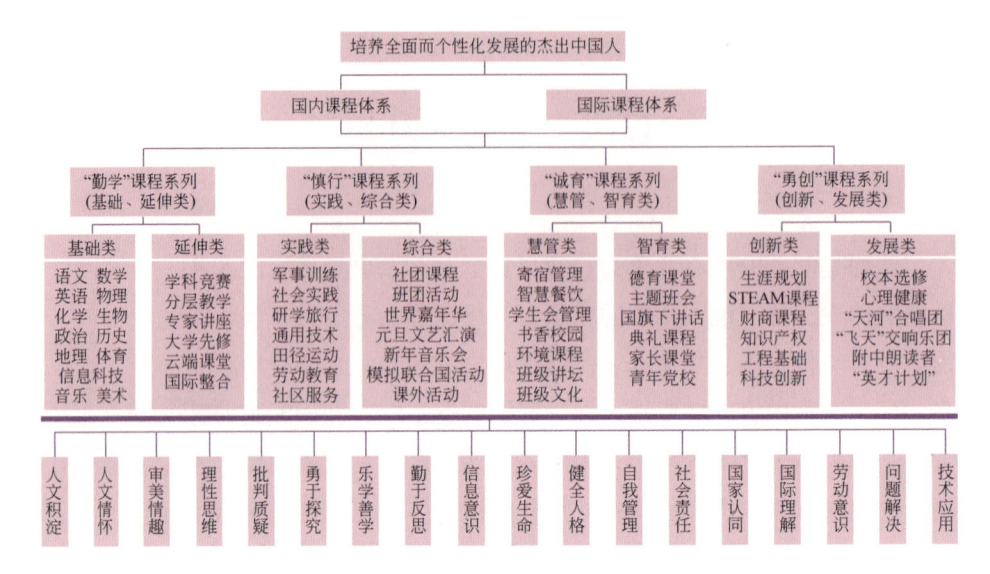

**图1　西北师大附中"一体两翼四引擎"学生发展课程体系框架**

由图1可见，西北师大附中的课程体系既传承校训精神，又弘扬时代精神；既注重全面培养，又注重个性发展，更注重拔尖创新人才的培养。此课程体系多元并发，多荣并茂，多措并举，尤其创新类、发展类课程直接锁定拔尖创新人才培养目标，助推高质量人才培养落到实处。

## 五、技术赋能：增进拔尖创新人才培养的坚强保障

技术赋能对于中学拔尖创新人才的培养具有显著的影响，通过技术手段和工具的应用，可以极大地提升个体的能力、效率和创新力，从而为拔尖创新人才的培养提供有力支持。首先，技术赋能可以优化学习体验，提高学习效率。例如，利用智能教学平台、

在线学习工具和数字化资源库，学生可以随时随地获取丰富的学习资源，进行自主学习和探究式学习。这不仅有助于拓宽学生的知识视野，还能提高他们的学习积极性和主动性。其次，技术赋能有助于培养学生的创新精神和实践能力。通过参与科技创新项目、编程竞赛和机器人设计等实践活动，学生可以培养创造性思维及团队合作精神。同时，这些活动还能激发学生的兴趣和热情，培养他们的自信心和责任感。最后，技术赋能还能促进个性化教育的发展，为拔尖创新人才培养提供坚强的技术保障。通过大数据分析、学习路径推荐和智能评估等技术手段，教师可以更准确地了解学生的学习情况和需求，为他们提供定制化的学习计划和指导。利用技术赋能，推进数字化转型已经成为每一所学校助力创新人才的重要课题。

  2020年8月，西北师大附中全面建设智慧课堂，在课堂教学的结构与形态、课堂的教法、课堂的执行方式、课堂的思想与方式等几个层面上进行了改革与重建。经过近四年的运行，全校实现了常态化运用，教学效果较为显著，西北师大附中智慧课堂形成"双主三环五化"的课堂教学模式。"双主"即以教师为主，以学生为主；"三环"是指课前、课中和课后的有机统一。课前，个性预习预设，准确把握学生的实际情况，实现教学资源的有效获取；课中，分级协作学习，在教学过程中进行实时的教学，把教学的主动权还给了学生；课后，个性辅导拓展，智能批改。这种教学模式集中体现了智能学习环境下教育教学精准化、自主学习个性化、互动交流立体化、过程评价数据化、协同管理一体化的"五化"特征。2021年11月，学校案例成功入选教育部全国信息技术与教育教学深度融合示范案例。2024年1月，学校入选教育部中小学人工智能教育基地名单。今后，我校将本着开放、协作、融合的理念，以面向长远的眼光，努力构建优质高效的智能课堂教学生态。

## 六、贯通培养：促进拔尖创新人才培养的双向驱动

贯通式拔尖人才培养是一种具有前瞻性和创新性的教育模式，通过设计连贯的、多层次的教育体系，在学生的整个学习生涯中持续地培养其成为某一领域的顶尖人才。这种培养模式从教学理念、教学模式、教学主体等人才培养核心环节着手，构建以学生学习和发展为中心，融合不同学科基础、打破学段培养界限、适应未来挑战的创新性人才培养体系。各学段学校结合自身发展基础和校内学生的成长特点，围绕知识层级、学科建设发展、学习环境、课程内容等变化，积极探索学段衔接的行动路径，追求学业贯通、职业贯通和专业贯通。贯通式拔尖人才培养是人才培养的一项"接力奔跑"，即对人才培育的关键环节进行深度探究，围绕着学生的学习与发展，将不同的学科基础相结合，打破或消除各学科之间的培养界线，建立一个能够满足将来的挑战与发展的、具有开放性的、具有高质量的人才教育系统。从教育理念层面树立科学的"大衔接观"，积极探索学段衔接的切实可行的实施途径，形成多方参与、合力协作的人才培养模式。

西北师大附中积极探索大中小衔接贯通人才培养。通过设立初高中衔接班、强基班、科技体验营等组织形式，邀请部分初中应届毕业生参加高中体验式生活。同时，积极与高校搭建创新育人平台，参与"英才计划"。2023 年与清华大学共建拔尖创新人才大学中学衔接培养基地，这也是在西北五省区设立的第一所拔尖创新人才衔接培养基地。2024 年入选北京大学"博雅人才共育基地"（2024—2026），并升为"四星"校，成为 2024 年甘肃省第一所荣获授牌的中学，也是甘肃省唯一一所"四星"校。为培养拔尖创新型人才，学校和知名高校密切传好接力棒，汇集了一众优秀学子，做好高素质、高水平创造性人才的"储备库"，高水平教师的"集聚地"，高中教育的"助推器"；积极构建高质量

的专业课程，为高中和大学之间架起"攀登梯"；努力实现"一棵树摇动另一棵树，一朵云推动另一朵云，一个灵魂唤醒另一个灵魂"的教育功效。

创新是推动社会进步的核心动力，而拔尖人才则是这一动力的关键承载者。教育部部长怀进鹏指出，发展新质生产力，要在实战中培养拔尖创新人才。在新质生产力发展过程中，要推动"教育、科技、人才"三位一体、同步进行，形成协同发展的良性循环。做好拔尖创新人才培养工作，需要我们责无旁贷地挺膺担当，育德培能，创新铸魂，为拔尖创新人才培养打造优质生态；推动我国人才培养加快进入创新驱动、智慧启航的"快车道"，在世界风云际会中勇敢加入充满竞争、充满挑战的"赛车道"，最终以优异的人才硕果驶入卓勇领先、勇立潮头的"超车道"；培养担当大任、全球胜任的高素质人才，为实现中华民族伟大复兴、保障我国永远屹立于世界民族之林彰显应有的教育担当。

# 优化学校课程体系 助力学生创新发展

## —— 宁夏银川一中养正课程建设实践

张永宏

作者简介：

张永宏，宁夏银川一中校长，正高级教师，特级教师；自治区级骨干教师，塞上名师；全国模范教师，全国优秀中小学班主任；教育部基础教育教学指导专业委员会委员，教育部首批领航名师；享受宁夏回族自治区政府特殊津贴和国务院政府特殊津贴。

办学理念：用生命唤醒生命，尊重生命的差异，促进生命的互助，实现生命的独特，等待生命的成长，发展生命的潜能。

## 一、研究背景

拔尖创新人才是科技、人才、创新三位一体战略的结合点，是国家发展中最宝贵的人力资源。党的二十大报告提出"坚持为党育人、为国育才，全面提高人才自主培养质量，着力造就拔尖创新人才，聚天下英才而用之"。2022年2月8日，教育部提出要积极探索拔尖创新人才的早期发现和选拔培养机制。习近平总书记在2023年2月21日主持中共中央政治局第三次集体学习时强调，要坚持走基础研究人才自主培养之路，深入实施"中学生英才计划""强基计划""基础学科拔尖学生培养计划"，优化基础学科教育体系。高中教育是科创教育的基础环节，宁夏银川一中（以下简称银川一中）作为首批自治区普通高中多样化有特色发展试点学校，在开足开齐国家课程的基础上，建立六大类别、八位一体的养正课程，为在高中阶段培养具有创新精神和实践能力的创新型人才提供了新的思路和实践路径，助力学生创新能力的发展。

## 二、理论基础

创新课程建设的理论基础涉及多个方面，这些理论不仅为课程设计提供了指导，也确保了课程内容能够真正培养学生的创新精神和实践能力。创新教育理论是创新课程设计的核心理论基础。创新教育强调培养受教育者的创造性和创新精神，促使他们具备独立思考和解决问题的能力。在创新课程中，教育者需要遵循教育规律和学生的身心发展规律，对教育的整体或局部进行变革与创新。认知主义理论认为学习是主动形成认知结构的过程。在创新课程中，这一理论鼓励学生对知识进行主动探索，通过自我发现来形成认知结构。教师则通过创设问题情境或提出问题来激发学生的学习动机，引导他们开展思维活动，培养发现探究的兴趣。建构主义理论强调学生对知识的主动建构，认为知识是学生在与环境的互动中逐步构建的。在创新课程中，建构主义理论鼓励学生积极参与学习过程，通过合作、讨论和反思等方式来深化对知识的理解和应用。多元智能理论提出人的智能是多元化的，包括言语语言智能、数理逻辑智能、音乐韵律智能、身体运动智能、视觉空间智能、人际沟通智能、自我认识智能、自然观察智能等。这一理论为创新课程提供了更全面的学生发展视角，强调在课程中关注并发展学生的多种智能。这些理论基础为创新课程的设计和实施提供了坚实的支撑，有助于培养学生的创新思维和实践能力，使他们能够适应未来社会的快速发展和变化。

## 三、实践路径

课程是人才培养的核心载体，在立德树人中发挥着关键作用。学校全面研究普通高中课程方案和各学科课程标准，明确各学科必修课、选择性必修课、选修课的内容与模块设置。在国家课程的主导下，开足开齐国家课程，不断丰富校本课程。银川一中坚持"以人为本"的价值取向、"以校为本"的课程理念，突出学校自己的特色，结合学校的办学传统和办学优势，开展六大类别、八位一体的养正课程（见图1）。六大类别包括培根铸魂类、启迪智慧类、润泽心灵类、强身健体类、崇尚劳动类、拔尖创新类；八位一体的课程有创新实验基地课程、"沉浸式"语文阅读课程、艺术体育信息选项课程、丰富多样的社团课程、项目式的研学课程、优质的大学先修课程、高效的学科竞赛及强基计划课程、形式多样的劳动课程。银川一中致力于推进学校的课程创新，促进学校多样化特色化发展，五育并举，助力学生创新发展。

**培根铸魂类**
全学科课程思政
七个红色研学基地
爱国主义教育劳动课程
凤凰模联社社团课程
国际理解课程

**强身健体类**
体育课程
每天1小时阳光体育运动
学生运动会
六门体育社团课程
三个体训队

**启迪智慧类**
九门核心课程
十四门学科实践课程
八门跨学科教学课程
七门社团课程

**崇尚劳动类**
志愿服务劳动课程
职业生涯体验劳动课程
创意劳动课程
家庭劳动技能大赛

**润泽心灵类**
艺术课程
心理课程
"沉浸式"语文阅读课程
八门美育社团课程
心理咨询

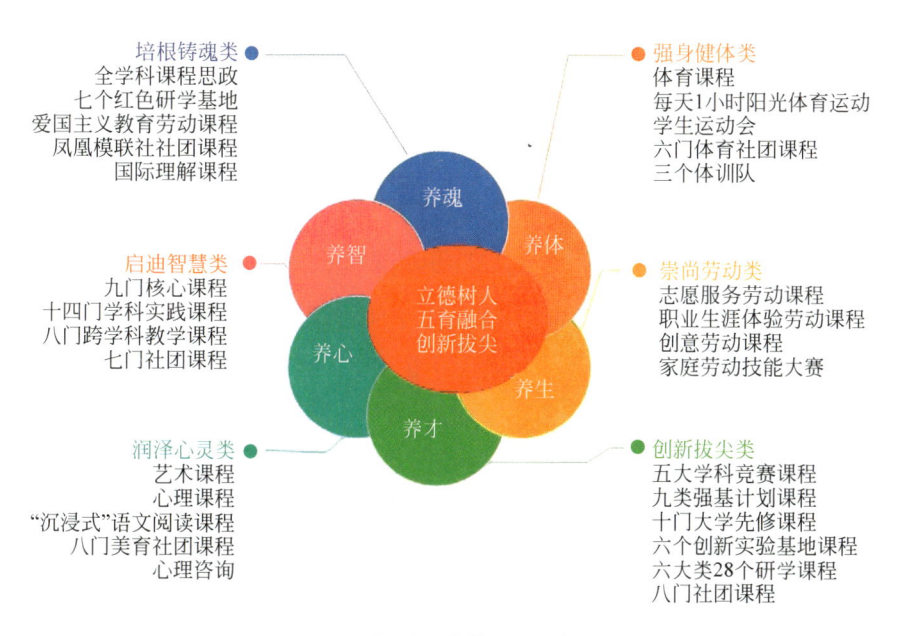

**创新拔尖类**
五大学科竞赛课程
九类强基计划课程
十门大学先修课程
六个创新实验基地课程
六大类28个研学课程
八门社团课程

中心：立德树人 五育融合 创新拔尖
（养魂、养智、养体、养心、养生、养才）

图1 银川一中养正课程框架图

## （一）创新实验基地课程，提升基础教育新质生产力

基础教育新质生产力是指在基础教育领域中，由技术创新和教育变革共同驱动的一种全新的、高质量的教育生产方式。银川一中多年来坚持打造智慧校园服务体系，形成了"1366"智慧教学模式，学校建成了基于"互联网+教育"的学生创新发展中心和智能语文阅览室、虚拟采编演播室、机器人工作室、创客空间工作室、人工智能实验室、虚拟仿真实验室六大创新实验基地。银川一中先后被评为首批"宁夏回族自治区科技创新特色试点高中""教育部中小学人工智能教育基地"。学校紧紧围绕"宁夏回族自治区科技创新特色试点高中"和"教育部中小学人工智能教育基地"的建设，与北京理工大学联合建设"北京理工大学—宁夏银川一中机器人创新实践基地"，与东南大学联合建设数字医学科普基地，与银川市国家智能铸造产业创新中心、中卫市"东数西算"云数据中心、小巨人集团等单位和企业合作建立科技研学基地。通过这些基地的建设和使用，促进人工智能、大数据等

优化学校课程体系 助力学生创新发展 | 215

技术在教育教学中的应用，更新了教育内容，革新了教育方法，提高了新时代基础教育的效率和效果，为培养具有创新精神和实践能力、适应科技发展和产业变革的新要求的高素质人才奠定基础。

### （二）"沉浸式"语文阅读课程，润泽学生心灵

"沉浸式"语文阅读课打破了阅读课固有的单一形式，由师生共同建立虚拟的学习体验情境，在互联网+教育的大背景下，借助各种先进的技术手段，进行有声、有形、有图像的各种辅助训练，以增加学习的趣味性和生动性。银川一中"沉浸式"语文阅读课，大胆突破"VR构建的3D虚拟环境"，努力追求"沉浸式语境"的语言教学法的目标，通过"听书、说书、读书、演书"，使学生在面对生活实践或探索问题情境时，不仅能够有效地认识问题、分析问题和解决问题，而且能够深加工、有创新成果。"沉浸式"的学习和"情境化"的解决问题的能力互为依托，最终提升了学生的综合素质和创新能力。

"沉浸式"语文阅读课是智慧教学的一部分，可以引发学生情感共鸣，激发学生阅读和写作的兴趣，润泽学生的心灵。由于我校丰富多样、独具特色的品牌读书活动，在宁夏教育电视台和自治区教育厅教学研究室联合举办的"全区中小学读书教育典型案例评选活动"中，银川一中被评为优秀组织单位，报送的"书香浸润百年校园，后浪奔涌不负韶华"被评为"全区中小学读书典型案例"，王娅婷老师和金佳宇同学被评为"校园读书达人"。2023年，银川一中被教育部评为"书香校园"，成为新时代读书先进典型，充分发挥示范引领作用。

### （三）艺术体育信息选项课程，提高学生综合素养

高中生的发展不仅仅是学科学习能力的发展，而且是健全而个性独特的发展，学校要注重生存和生活素养的培养，至少要培养学生艺术、体育、科技三方面的素养，这就要求学校在尊重

学生个性发展的基础上为学生创造更多的自由选择权。为了促进学生独特个性的发展，早在 2006 年银川一中从学生的实际出发，根据学生爱好，开设艺术、体育、信息技术选项课程。学校把音乐、美术整合为艺术课，每周两节连排，五个教学班分为六个专项班，开设声乐、器乐、舞蹈、书法、绘画、音乐鉴赏 6 门课程；体育开设了田径、武术、体育舞蹈、6 种球类课程；信息技术课程分年级、分类别开设，高一年级为动画、图像处理、程序设计、机器人、人工智能，高二年级为多媒体技术网页制作、机器人、通用技术、人工智能。每学期安排三分之一的时间完成国家课程部分内容教学，三分之二的时间完成校本课程教学。学生根据兴趣爱好选课。具体来讲，对于那些兴趣专一的同学，他们可以在一个学年的四个学段坚持选修同一门课程；而对于那些兴趣相对广泛的同学，他们可以在每一个学段根据自己的兴趣和需要，转换不同的课程学习。

通过艺术、体育、信息选项课程的开设，促进学生健全又个性独特的发展，提高学生综合素养。在 2022 年全国中小学生幼儿优秀美术书法摄影作品大赛中，我校有 14 名同学获得铜奖，21 人获得银奖，16 人获得金奖，6 人获得特等奖。2023 年我校 3 名学生在宁夏第十四届学生运动会爵士啦啦操规定套路比赛活动中获得一等奖，在教育部主办的全国第七届中小学艺术展演活动中获得二等奖。在世界机器人大赛和全国信息素养提升实践活动中，3 人获得全国一等奖，12 人获得省级一等奖。在 2023 年中国中学生田径冠军赛中，2 人获得全国第一名，3 人获得全国第二名。在宁夏回族自治区学生田径锦标赛中，有 16 人获得省级一等奖，其中 10 人破省级记录。

（四）丰富多样的社团课程，满足学生个性发展

社团活动是学校培养学生兴趣、能力及创造力的重要途径，同时对学生心理品质和毅力的培养起到潜移默化的积极作用。银

川一中共有学术类、兴趣类、志愿服务类三大类21个社团，学校为每个社团安排专门的活动场地，购买社团活动所需要的器材，并为社团配备指导教师，以社团为依托，开设丰富多样的校本课程，学生的综合素质得到发展。近三年，我校在全区篮球、足球等体育项目比赛中，多次获得自治区级前列成绩。在艺术方面，获得全区第七届中小学生艺术展演优秀组织奖，其中管乐类、声乐类、舞蹈类、朗诵类获得一、二等奖，在2022年中小学生幼儿优秀美术书法摄影作品大赛中获得全国一等奖。在信息技术方面，我校多次获得全国青少年科技创新大赛一、二等奖，世界奥林匹克机器人竞赛中国西北区选拔赛足球赛获得"一等奖"。我校重视志愿服务活动，学校志愿服务社团定期开展社区、校园志愿服务，我校被宁夏回族自治区精神文明建设指导委员会评为2021—2024年度"自治区文明校园"，2023年我校被教育部评为首批"全国健康校园建设单位"。通过丰富多样的社团课程，培养学生爱好和兴趣，发展学生的特长，给全校学生提供参与的机会，切实提高每一名学生的综合素质，满足学生个性化发展。

### （五）项目式的研学课程，提高学生实践能力

学校非常重视与宁夏本地企事业单位共同建设学科研学基地，以此拓展学生的科技视野，增强学生将理论知识和生产实际相结合的能力。充分挖掘宁夏的红色文化，依托工业、农业、电力、水利、制造业等领域的科技优势项目，建立红色文化、智能制造、沙漠治理、自然生态、湿地保护、新农村建设、特色产业七大类35个研学基地。每学期开展6次左右的项目式研学活动，近3年来参加学生累计4000人次，积累了20多个典型项目式研学案例。通过这些项目式研学活动，学生亲睹红色文物，感受革命历史，沿着红色足迹，追寻红色记忆，在研学体验实践中完成红色基因的薪火相传。了解智能制造、新农村建设、特色产业发展取得的成就，感受科技带给生产生活的巨大推动力，丰富了学生

的社会体验，增强了他们学习科学知识的动力和学习主动性。学生通过提出自己对沙漠治理、自然生态、湿地保护、新农村建设、特色产业发展的方案，提高实践能力和分析解决实际生活问题的能力。

### （六）优质的大学先修课程，启迪学生智慧

学校大力发展与全国各知名高校的合作，先后与清华大学建立"强基计划"联合培养基地，与北京大学建立"博雅人才共育基地"，针对学科竞赛和高校"强基计划"招生考试加强对学生的辅导，在辅导过程中不断积累理论知识和经典试题，形成各学科各章节讲义，在不断打磨、反复推敲的过程中编写出《数理化生信息奥林匹克竞赛教程》和《数理化生强基计划培训教程》两本校本课程教材。银川一中参与上海交通大学"学森挑战计划"大学先修课程，与北京理工大学合作开设"人工智能创意"课程，落实同济大学科普课程，与复旦大学共建"前沿物理与教学元宇宙协同育人基地"，开设复旦大学"核科学与技术前沿课堂"周末课程，这些课程的开设深受学生喜爱。旨在构建具有国际视野和竞争力的育人模式，为学生提供更广阔的发展空间和更丰富的学习资源。

学校与北京理工大学合作建成"人工智能创意工作室"，并在每年 8 月份定期举行"人工智能创意夏令营"，组织学生参加全国人工智能创意比赛和机器人工程竞赛；与西北工业大学合作建成"航模飞行俱乐部"，组织学生定期活动并参加全国比赛；与南开大学合作建成理化生数字实验室，开展数字化实验教学；与南开大学开展数学、物理、化学、生物学、信息技术五科教师竞赛辅导培训工作；与北京航空航天大学合作建立"航空航天科技馆"，激发学生对航空航天的兴趣，增强学生的爱国情怀和民族自豪感；与东南大学共建数字医学科普基地，旨在激发学生探究生物医学、电子信息等科学领域的兴趣，提升学习力、创造力，

培养创新思维。学校建立大中学科技创新人才培养一体化桥梁，引领学生进行职业生涯规划，引导学生研究学术志愿，激发学生创新内驱力。

### （七）高效的学科竞赛及强基计划课程，培养拔尖创新人才

学科竞赛及强基计划是国家培养创新拔尖人才的重要途径，银川一中非常重视课程建设，开设了数学、物理、化学、生物学、信息五大学科竞赛课程，及数学类、物理类、化学类、生物科学类、历史学类、中国语言文学类等九类强基计划课程。根据学生的兴趣、特长及未来职业理想，采用选课走班的培养形式，由经验丰富的校内外教师进行授课，采用多种教学方法，如讲授、讨论、实践操作等，以激发学生的学习兴趣和主动性。此外，学校还会组织各种竞赛和实践活动，如学术讲座、实验室开放日、学科竞赛等，为学生提供展示自己才华的平台。近三年，银川一中在五大学科竞赛中，获得国家级奖项50余人次，获得省级奖项1300余人次，有51名学生被"强基计划"专业录取。学校通过五大学科竞赛和"强基计划"课程，为国家培养大批拔尖创新人才和基础学科领军人才。

### （八）形式多样的劳动课程，培养社会主义建设者和接班人

劳动教育是国民教育体系的重要内容，是学生成长的必要途径，具有树德、增智、强体、育美的综合育人价值。为践行习近平总书记指示，完成"五育"并举、着力培养时代新人的中心任务，银川一中基于中共中央、国务院印发的《关于全面加强新时代大中小学劳动教育的意见》，明确劳动教育三大主体内容，结合本校"科技创新""人文社会""公益爱心"并重的理念，建设三大类课程基地，形成了具有综合性、针对性、开放性、实践性的劳动教育课程体系。

银川一中作为"全区中小学劳动教育示范校",整体规划劳动教育课程,分为必修课与选修课两类,由校长统一领导,德育科和团委分工负责,制定劳动教育实施方案、构建课程体系、保障措施,制定安全预案。以德育科、团委为落实抓手,配备专职、兼职劳动教育教师。三个年级部全体班主任和科任教师为预备役,后勤服务中心提供物质保障。全面开展日常劳动、基地专项劳动、爱国主义教育劳动、志愿服务劳动、职业生涯体验劳动等综合实践课程。银川一中通过劳动课程的实施,培养学生躬行实践、吃苦耐劳、饮水思源、勇担大任的意志品质,增强学生的社会责任感、创新精神和实践能力,使之不脱离劳动,感恩劳动人民,做合格的社会主义建设者和接班人。

## 四、未来展望

创新课程是造就拔尖创新人才的重要载体,是提升基础教育新质生产力的重要手段,今后要着力挖掘优质课程资源,统整课程内容,打造精品课程案例,逐步构建以学生为中心、具有校本特色的创新课程群,打造开发和实施创新课程的教师队伍,通过开展项目式、学科实践、跨学科教学,培养智力水平高、创新能力强、综合素质优、家国情怀浓的拔尖创新人才。

## 五、结语

通过多年的努力,银川一中走出了优质、特色、多样的发展道路,在开足开齐国家课程的基础上,为学生终身发展奠基,结合国家政策、地方实际情况以及本校自身特点,形成养正课程体系,为在高中阶段培养具有创新精神和实践能力的创新型人才提供了新的思路和实践路径,助力学生创新能力的发展。

【参考文献】

[1] 方中雄，刘继青. 论习近平关于"人才自主培养"重要论断的生成逻辑、理论内涵和实践指向 [J]. 中国教育学刊，2023(5)：1-8+69.

[2] 张善超，熊乐天. 以拔尖创新人才培养助力新质生产力发展——拔尖创新人才早期培养融入中小学课程建设探赜 [J]. 中国远程教育，2024，44(4)：3-14.

[3] 张永宏. 科技高中：从基础建设到课程、从教学到教研的全方位改造 [J]. 人民教育，2023(21)：29-31.

# 建构多元一体培养机制
# 挖掘创新人才发展潜力

## ——乌鲁木齐市第七十中学创新人才培养探索

张焱冰

作者简介：

张焱冰，乌鲁木齐市第七十中学党委书记，正高级教师，自治区特级教师，国家级中小学校长卓越校长领航工程——张焱冰校长工作室主持人。

办学理念：办有高度、有温度、有厚度的人民满意的教育

## 一、研究背景

伴随着中国式现代化这一特色发展目标的实践，高质量发展已经成为民族复兴征程的重要途径。习近平总书记强调，加快发展新质生产力，扎实推进高质量发展，正是将高质量发展的核心要素锁定在新质生产力的培育和壮大上。而新质生产力的核心又在于高素质、高水平的人才。党的二十大报告强调，"坚持教育优先发展、科技自立自强、人才引领驱动，加快建设教育强国、科技强国、人才强国，坚持为党育人、为国育才，全面提高人才自主培养质量，着力造就拔尖创新人才，聚天下英才而用之"。当今世界综合国力的竞争说到底就是高质量创新人才的竞争。作为党和国家未来事业保障的教育工作，更是在新征程上担负着重要的人才供给职责。教育强国、科技强国、人才强国的战略布局，将国家教育发展的重心放在了高质量创新人才的培养上。拔尖创新人才越来越成为科技创新、高质量发展，甚至是国家强盛、民族复兴的关键力量。

党领导下的教育工作，一直秉持为党育人、为国育才的教育初心。近年来，随着党组织领导的校长负责制全面实施，党对教育工作、人才工作的领导作用越来越显著。落实好科教兴国、人才强国战略，是学校党组织实践教育初心的重要职责。一直以来，广大基础教育学校在社会主义办学方向上，落实立德树人根本任务，培养和锻炼广大青少年的创新精神、创新能力、创新素养，为他们今后成长为社会主义事业的合格建设者和可靠接班人做出默默无闻的努力。面对党和时代的呼唤，在教育事业新征程上，如何建设创新人才培养环境，如何做好拔尖创新人才的早期孕育培养工作，已经成为中小学基础教育工作的重大时代课题。

位于祖国西北的乌鲁木齐市第七十中学在办学历程中，积极建构多元一体培养机制，大力推进创新人才的早期培养环境建设，着力挖掘人才发展潜力，以扎实的办学举措不断探索创新人才培养体系及实施路径。

## 二、学校概况

教育是国之大计、党之大计。"办好人民满意的教育"已经超出以往"有学上"的简单期望，开始迈向"实施科教兴国战略，强化现代化建设人才支撑"的崇高目标。教育工作要为加快建设教育强国、科技强国、人才强国提供基础性、先导性、全局性保障，为全面建设社会主义现代化国家、实现第二个百年奋斗目标的宏伟蓝图提供坚实人才基础。实施基础教育"扩优提质"行动，不仅维系着亿万家庭的幸福，更关系着党和国家的前途。拔尖创新人才的早期培养要以党和国家的人才需求为目标，紧紧依托学校自身办学特点和拔尖创新人才特质进行策略谋划和实施。现以乌鲁木齐市第七十中学为例进行分析研究。

### （一）办学历史沿革及一体培养条件

乌鲁木齐市第七十中学（原乌鲁木齐铁三中）是一所拥有80年办学历史、文化底蕴深厚的初、高中完全中学，是首批自治区重点中学、自治区示范性高中。学校历史起源于1944年成立的天水扶轮中学。1949年甘肃天水解放，学校改名为天水铁路职工子弟中学（天水铁中）。1959年学校随兰新铁路西迁至乌鲁木齐，成立乌鲁木齐铁中。1966年更名为乌鲁木齐铁三中。2004年由铁路办学移交地方政府管理，更名为乌鲁木齐市第七十中学。2021年成立乌鲁木齐市第七十中学教育集团，以教育优质均衡发展和高质量发展为目标，肩负起集团化办学的工作任务。学校教育集团下有2个校区、3个托管成员校，共有149个初、高中教学班，7534名学生，547位教职员工，具备构建多元一体早期创新人才培养机制的条件。

### （二）办学理念

办学理念是学校的方向标，是引领学校高质量发展的关键。近年的办学历程中，学校传承和发扬"铁中精神"，逐渐清晰办学思路。

在"为党育人、为国育才"的社会主义办学旗帜下,秉持"办有高度、有温度、有厚度的人民满意的教育"办学理念,将教育工作的内涵衍化为:以高品质、高质量为办学方向,以人文化、个性化为办学方法,以重实践、重思考为办学目标。坚持"名校成于严治"的治学理念,将治学行为体现在愿景的明确与达成、制度的完善与执行、办学行为的精细与优化、学校文化的积淀与浸润上,从而大力推动办学质量的有效提升。同时切实增强"立德树人"根本任务的核心作用,牢牢树立"提高质量,功夫下在德育上"的质量理念,以理想信念、品德素养、精神品质的有效提升丰富质量内涵和评价维度,调动学生发展的内生动力,助力干部和教师队伍素养提高,为构建多元一体的创新人才培养机制指明了方向。

### (三)优质毕业生特质

全面践行党的二十大精神,勠力培养新时代创新人才是当前教育工作的亮点所在。为建构拔尖创新人才早期培养环境,学校对近年来40余名清北录取生、1000余名国内知名大学录取生的成长特点进行了调研分析,发现优质毕业生在中学阶段具有基础特质、情商特质、智商特质三个方面的共同特质。其中,"基础特质"包括开朗阳光的心态、广泛的知识涉猎、强烈的成就动机;"情商特质"包括勤奋的学习态度、高度的自控能力;"智商特质"包括敏捷的思维方式。如何在中学阶段培养青少年上述三个方面的六项特质,是建构拔尖创新人才早期培养环境的关键。

### (四)办学资源

学校教育集团下的铁路校区和凌空校区占地面积235亩,拥有初、高中教学班95个,学生5207人,教职工372人。铁路校区地处乌鲁木齐市城北核心区,周边既有中国铁路、中国石化等央企,又有新疆铁道勘察设计院、自治区科学院、新疆生态与地理研究院、新疆天文台等科研机构;凌空校区位于乌鲁木齐临空经济示范区,紧邻乌鲁木齐机场集团。学校周边有较为丰富的社会教育资源，十分有利于开展社会实践研学和校园知识拓展。同时，学校具有优良的体育文化艺术办学传统，是"全国体育传统项目学校"，拥有田径、篮球、乒乓球、管乐等多个市级特色校项目，在体育、音乐、美术等特长生培养方面具有丰富的治学经验，为构建多元一体早期创新人才培养机制提供了外部资源。

（五）师资队伍

学校创新并凝练了"用学校愿景吸引人、用团队精神影响人、用集体荣誉成就人"的教师队伍建设和人才培育理念，狠抓师德师风建设，狠练教育教学本领，一批学习型、科研型、实践型、成长型、专家型教师团队全方位形成。现任教师中，正高级教师7名，特级教师2名，副高级教师145名，在读博士1名，归国硕士1名，名校硕士70余名。自治区"天山英才"名校长（名师）工作室主持人3名，市级名校长（名师）工作室主持人5名，自治区教学能手4名，市级学科带头人、骨干教师、优秀青年教师40余名，为构建多元一体早期创新人才培养提供了师资保障。

## 三、实践探索

近年来，乌鲁木齐市第七十中学带领集团努力打造师德高尚、教育优质、品位典雅、特色多元的"七十中"品牌，在为乌鲁木齐市教育资源优质均衡发展贡献突出力量的同时，积极探索拔尖创新人才早期培养之路，逐渐形成了德育为首、五育并举、优师优教、课程赋能、平台助力的拔尖创新人才早期培养体系。

（一）立德树人，面向全体学生

学校扎实落实立德树人根本任务，把德育工作贯穿教育教学全过程，围绕"立德树人、全面发展"的育人理念，将革命传统教育、爱国主义教育、党史学习教育等融入德育课程中，通过载体丰富、内容完善的德育课程为学生搭建多样化成长舞台，满足学生多元的发展需求，切实提升学生的创新精神和实践能力，健全人格，张扬个性，实现自生发展、和谐发展和全面发展。坚持以面向全体学生的德育课程为路径，通过思政课程、实践课程、科技课程、研学课程等，培养学生的创新意识和创造能力，在此过程中发现一批具有创新潜质的优秀学生。

### （二）五育并举，注重多维度挖潜

坚持五育并举，以德智体美劳全面推动为路径，多维度培养具有创新意识、创新思维的各类拔尖创新人才。学校立足"完全中学"的校情，构建初高中六年制培养机制，本着"加强初中、提高高中、打造特色"的发展思路，加强教师队伍建设，教学质量大幅提高，中高考成绩连年上升，体育艺术、科技创新、学科竞赛硕果累累，德育和教学双丰收，社会满意度不断提高，为国家培养了大批初高中合格毕业生，向清华大学、北京大学、复旦大学、中国人民大学、浙江大学等知名学府输送了大批优秀人才。学校近几年高考一本达线率稳居90%以上，211院校升学率稳居50%以上，985院校升学率稳居20%以上。2023年中考，学校高中录取分数线位列全市第四。近十年来，学校有40余名毕业生达到清华大学、北京大学录取线。

学校传承体育强校品牌，全力加强体育和艺术教育工作，鼓励和支持广大体音美教师积极投身特色化教学和特长生培养，在开展好全员体育艺术课程的同时，抓好高水平体艺训练。学校田径队保持全市中学生运动会初中组12年、高中组13年冠军，篮球队稳居全新疆前二，在全国中学篮球界名声响亮。田径、篮球、乒乓球、健美操等项目均在全市、自治区、全国各项赛事中取得优秀成绩，并多次作为乌鲁木齐市、自治区体育代表队骨干中坚力量参加各级各类体育赛事，为乌鲁木齐市、自治区取得优异成绩做出巨大贡献，为知名大学和体育专业队培养输送了大量体育人才。近年的体育特长生中，有3人考入清华大学、2人考入北京大学，12人考入浙江大学、同济大学、西安交通大学、北京航空航天大学、华中科技大学等知名学府。同时，学校每年均有优秀的音乐、美术特长生被国内知名艺术院校录取。其中，美术专业有3人考入清华大学，9人考入中央美术学院；音乐专业有1人升入中国人民大学，3人升入中央音乐学院。

### （三）打造队伍，为拔尖创新人才培养奠基

学校坚持以提高师资水平为路径，通过校本培训、"请进来、送出去"的专题培训、课题研究、名师工作室引领、教师年度双聘等途径打造具有创新思维、创新能力的师资队伍，以教师的创新能力培养学生的创新思维、引导学生进行创新实践。依托"领航"国家级名校长工作室、自治区"天山英才"名校长（名师）工作室、"红山教育领航人"市级名师工作室等交流共进平台，积极开展交流研讨、观摩走访、教育融汇等活动，引领教师由单一学科向多学科、跨学科教育思维和教学方式的变革，激发教师的内在动机，提升教师的专业能力，逐步培养政治素养过硬、品质高尚、业务精湛的管理团队和教师群体，为学校高质量发展和传播教育理想，为拔尖创新人才早期培养奠定坚实师资保障。

### （四）开发课程，为拔尖创新人才培养赋能

学校以课程的开发建设为路径，开设跨学科的整合拓展类、实践类课程，指向综合素养，意在形成创新的基础；开设深度探究延伸类的专长课程、人文类课程（学科竞赛、深度阅读、人工智能、实验探究），指向未来领域，意在培养学生深度探究能力。2012年学校开始推进科技创新教育，2014年成立了"科技创新教育活动中心"，逐步发展了航模、机器人及信息学奥赛、海模车模、3D打印、计算机表演赛及电脑制作、创新大赛、无人机、无人车、人工智能工作室等诸多项目，形成了"学科建设、课程建设、队伍建设、资源建设、网络建设"的科技教育五位一体格局。科技创新教育的普及和特长生培养享誉新疆内外，航模、无

人机、机器人等已发展成为国内高水平竞技队伍，在国际级竞赛获奖 3 人次、国家级竞赛获奖 271 人次。初中率先普及人工智能课程，并辅助开设了人工智能无人机、机甲大师、创客与 3D 打印、人工智能应用等第二课堂，在各级各类科技大赛中表现非常优秀，综合水平名列全新疆第一，部分项目比赛成绩已经进入全国前列。

### （五）搭建平台，为拔尖创新人才培养助力

学校以整合校内外资源为路径，紧紧依托周边科研机构，建设开发学科实验室，整合高校资源、社会资源，用好中国科学院新疆分院资源，为学生进行创新实践、提升创新能力搭建平台。近年来，学校先后与新疆科学院生地研究所、新疆天文台、新疆师范大学生命科学学院、自治区科协、新疆科技馆、新疆自然博物馆、新疆生态地理展览馆签订合作培养协议，加强科技教育实践，积极开展"科技节""科学家进校园""科技馆里的科学课"等活动，积极承接各级各类科技竞赛。备受瞩目的中央电视台"天宫课堂"第二课新疆分课堂于 2022 年 3 月在我校成功举办，自治区科技活动、新疆科技馆"科技馆里的科学课"启动仪式均在我校举办。社会教育资源的大力加持，有效助力青少年科技强国梦想养成，为拔尖创新人才培养搭建了广阔的平台。

近年来，学校先后被评为首批全国健康学校建设单位、全国科技活动特色学校、全国百所特色校、全国教育科研示范校、全国创新教育先进学校、全国体育传统项目学校、全国青少年科技创新大赛优秀学校、全国青少年人工智能活动特色校、全国语言文字示范校、自治区依法治校示范校、自治区卫生红旗单位、自治区中小学党建工作示范校、自治区五四红旗团委、自治区基础教育信息化应用示范校等，并被清华大学、北京大学等全国知名高校列为优秀生源基地校。

## 四、结语

乌鲁木齐市第七十中学在拔尖创新人才培养方面的实践与探索才刚刚起步,这期间不仅为学校自身的发展带来了新的活力,也为以后学校高质量发展和特色化办学提供了宝贵的经验和启示。我们认为能否培养出拔尖创新人才,是一所普通高中是否优质的重要指标。我们将学习借鉴广大教育同仁的有益做法,扛起培养拔尖创新人才的重任,为拔尖创新人才的早期培养作出贡献。

我们坚信,随着各行各业落实习近平总书记"新质生产力"的创新思想,基础教育领域培养拔尖创新人才的氛围会更加浓厚、环境会更加友好、能力会更加出众。基础教育界也将通过不断的努力和探索,为国家培养更多具有创新精神和实践能力的人才。